外国文学名家名作鉴赏辞典系列

上海辞书出版社文学鉴赏辞典编纂中心 编

泰戈尔诗文鉴赏辞典

Rabindranath Tagore

上海辞书出版社

前　言

泰戈尔是在中国享有盛誉的印度伟大的作家、诗人、社会活动家，也是第一个获得诺贝尔文学奖的亚洲人。其创作对印度文学的发展影响很大，也熏陶了中国最有才华的一批诗人和作家，受到中国读者广泛和长期的关注与欣赏。

1861年，泰戈尔生于加尔各答市的祖居。在去英国求学之前，他已经发表了第一首长诗《野花》和第一个短篇小说《女乞丐》。在英两年，他将注意力倾注于文学，回国后便投身文学事业。1884年起，他又根据父亲的意见参加梵社，并任秘书长达20年。当时，他还与大作家班吉姆·查特吉在杂志上展开了辩论，主张把印度古代文化和欧洲文化融合起来，创造一种更高的文明。这一时期他所创作的著名抒情诗《暮歌》(1882年)和《晨歌》(1883年)，纵情抒发青春的欢乐，描述甜蜜的情恋和绚丽的大自然。因为《新月集》(1886年)中洋溢的纯朴的母爱和儿童天真烂漫的幻想，他也被誉为“儿童诗人”。

1890年，泰戈尔应父亲的要求，接管了家庭的产业。农民的艰辛生活以及殖民者的专横暴戾震动了他的心灵。1898年，他又在加尔各答的群众集会上发表名为《窒息》的演说，谴责英国殖民当局对民族运动领袖提拉克的迫害。1900年，他在民间故事的基础上写了《故事诗集》，其中描绘了印度历史上的各色人物和生活图像，唤起了人民的民族自尊，为正在崛起的民族运动注入鼓舞力量。他在这一时期创作的短篇小说《喀布尔人》等塑造了贫穷纯朴的劳动者形象，特别是对遭受不合理的婚姻制度和惨无人道殉葬制度迫害的妇女，寄予了无限的同情。

1901年，泰戈尔抱着改造社会的目的，在桑蒂尼盖登创办了一所学校。该校在1921年发展成为亚洲文化交流的国际大学。

1905年，印度掀起了民族解放运动的第一次高潮。泰戈尔来到加尔各答，发表演说，领导示威游行。1907年，他担任孟加拉文学大会主席。运动失败后，他回到了圣蒂尼克坦。

在1919年印度人民掀起第二次民族独立运动高潮时，泰戈尔马上给英国总督写信抗议，坚决抛弃英国政府所授予的爵位。这一时期是泰戈尔一生创作最辉煌的时期。如1910年发表的长篇小说《戈拉》，描写了19世纪七八十年代的印度社会生活，歌颂了像戈拉那样的正统派新印度教徒的民族爱国热情和他们对于祖国必获自由的坚定信念。在1922年问世的剧本《摩克多塔拉》中，他愤怒地谴责殖民者用机器文明压迫和奴役人民，并坚信被奴役的印度必将获得解放。其诗歌更是达到了完美的地步。1912年问世的抒情诗集《吉檀迦利》，以抒情格调和秀丽诗句表达了诗人与神交流自己热爱祖国和人民的炽烈情感。对神的世界的呼唤和对现实世界的热爱交错在一起，是诗人理想中美和善的世界。他也因此获得1913年诺贝尔文学奖。1913年，他又先后发表诗集《飞鸟集》和《园丁集》。其中荡漾着对人和自然的热情，对人在世上的使命寄予更大的期待，显示了更为积极的进取精神。

一战爆发后，泰戈尔与世界文化名人一起组织反战和平团体，并为此在世界各地积极奔走。1941年临死前，他还发表了著名的论文《文明的危机》。

泰戈尔一生写作诗集50部以上，长中篇小说10余部，短篇小说100余篇，剧本20余种，还有各类散文多卷，并创作了2 000余首歌曲和1 500幅画作。其诗歌继承了古典和民间文学的优秀传统，格调清新，朗朗上口，感情真挚，意境隽永，语言秀丽。其散文则表现出深刻的现实主义，栩栩如生的人物塑造，细致入微的心理描写，情景交融的环境渲染，凝练又形象的语言技巧，奇特而自如的情节结构，都给人留下深刻的印象。

本书是外国文学名家名作鉴赏系列之一，精选泰戈尔的代表作品（诗歌16首、小说5篇、戏剧3篇、散文5篇，其中长篇作品为选段），采用冰心、白开元、董友忱等名家的经典译本。另请专家学者为每篇作品撰写鉴赏文章，实为打开泰戈尔文学宝藏的锁钥。书后附有《泰戈尔生平与创作年表》，供读者参考。不当之处还望读者指正。

上海辞书出版社文学鉴赏辞典编纂中心
2015年9月

诗歌

小说

戏剧

散文

附录

目录

诗
Rabindranath Tagore
歌

生　命

我不愿诀别这美好的人世，
我愿活在普天下黎民之中。
阳光沐浴的花木芬芳绚丽，
让我消融于那活泼的精灵。
人世间生命的游戏绵绵不绝，
悲欢离合蕴涵多少眼泪畅笑。
以芸芸众生的苦乐把歌曲谱写，
我欲将万年不朽的广厦建造。
纵使力不从心，只要还活着，
但愿在你们中间获得栖身之地。
想必你们都会采折这花朵，
我应当每日将新曲之花催开。
含笑采撷这花吧，假如花儿
日后枯萎，心安地将它摒弃。

（白开元　译）

赏析

《生命》选自《刚与柔集》。泰戈尔在该诗集的《序》中曾说："《刚与柔集》是我青春乍临时的作品，那时我刚刚感受到了自我表现的强烈冲动……《刚与柔集》中的诗，是从心泉喷涌出来的，如果说曾与外界的因素相融合，那也是次要的。"《生命》是《刚与柔集》中的第一首诗，是诗人对自身人生价值的探求，同样是其心泉喷涌的佳作。

赏析

全诗共十四行，可分为三个层次来理解。前四行为第一个层次，诗人直抒胸臆，以对生命、对人类、对自然的热爱领唱全诗。“我不愿诀别这美好的人世，/我愿活在普天下黎民之中”，是对生命和人类的爱，这是对以种姓制度和宗教信仰为主要载体的印度主体文化中出世主义传统的背离。“阳光沐浴的花木芬芳绚丽，/让我消融于那活泼的精灵”，则是对自然万物的爱，这是诗人受印度“梵我一如”世界观影响的体现，也是他对印度传统生态文明智慧的继承。泰戈尔认为，人与自然有着不可割裂的亲缘关系，自然万物都有活生生的人格表现，个体生命只有融于宇宙生命才能得到延续。短短的四行诗，已将诗人对生命和自然的深挚热爱、对待民族文化传统的扬弃精神显现出来。

中间六行为第二层次，是诗人文艺观、人生观的表现。在诗人看来，人间世界的林林总总、悲欢离合，不过是人们有意参与或无意而为的游戏活动，人间世界也不过是一个巨大的五光十色的“游戏世界”，诗人的责任就是去表现和创造这“游戏世界”中的一切。诗人决心做这样一个歌者、创造者，用自己有限的人生去歌咏芸芸众生的悲欢苦乐，建造这“万年不朽的广厦”。这与泰戈尔一直思索着、倡导着的积极人生观是一致的，人生苦短，唯有把自身短暂的生命奉献于人类有意义的事业，在有限中证悟和追求无限，才能实现不朽的人生价值。

最后四行为第三层次。诗人相信自己精心培育出的作品一定会受到人们的喜爱，自己也会丢弃那些过时的、陈腐的观念，时刻为他们献上富有新意的作品。他热情地向人们发出邀请，让人们以愉悦的心情去接受他的作品，如果这些作品已经过时，那就毫不犹豫地忘掉它们。泰戈尔晚年曾对出版其孟加拉作品全集的专家们说：“我正走向人生的终点。我这位耄耋老人最后要做的一件事，是选择、保存我认为具有文学水准的作品，其余的一律扬弃。”这都体现出诗人可贵的自谦。

原文

全诗共十四行，是诗人对一些擅写十四行诗的西方文豪的借鉴，如但丁、莎士比亚、雪莱、歌德、海涅，但这种借鉴不是简单的模仿，而是以适应孟加拉读者的欣赏习惯为基础的。译者在翻译该诗时，也适当注意了原诗的辞藻和韵脚，但无论多么精准的翻译，原作的形式和韵律之美都是很难传达的，所以，我们对译作的欣赏，只能侧重于其思想、意象及境界的品味。

“不拒绝生命，而能说出生命本身的意义，这就是我们之所以爱他的原因了”，这是印度人对泰戈尔的评价。这也是他之所以受到中国读者喜爱的原因之一。

（王汝良）

竹　笛

喂，你听，谁在吹奏竹笛！
林花的芬芳与笛声的旋律融为一体，
竹笛一旦触及嘴唇，微笑即被盗去。
情人的微笑伴着甜蜜的歌声
向心灵的深处飘移。
喂，你听，谁在吹奏竹笛！

灌木丛中的蜜蜂伴着笛声嗡嗡呜啼，
巴库尔树听到笛声也激动地绽现花姿，
朱木拿河的潺潺水声传入耳中，
犹如心灵在哭泣，
天上的明月向何人微笑凝视。
喂，你听，是谁在吹奏竹笛！

（董友忱　译）

赏析

爱情是文学创作永恒的主题，爱情诗在泰戈尔的全部诗作中占有相当大的比重，这其中有借印度古老传说抒发爱情感怀的，有描摹年轻恋人缠绵情趣的，有借爱情题材表现自己的爱情观、人生观的，也有表达自己朦胧神秘的爱的感受的。《竹笛》则是其中一首节奏明快、充溢着青春乍临之激情的抒情佳作。

诗是无声乐，《竹笛》宛如一首深婉动人的情恋欢歌。时远时近、摄人心魄的悠扬笛声，情人间甜蜜轻柔的浅吟低唱，蜂群兴奋的嗡嗡鸣啼，朱木拿河的潺潺水声，巴库尔树枝叶摇动的沙沙声，汇集成一首韵律和畅的多声部协奏曲。既是诗人又是音乐家的泰戈尔，对韵律有着执著的思考和实践，但他心目中的韵律追求，不只是诗的格律形式上的整齐协调，也不只是音乐感受方面的朗朗上口，而是自然万物的运动、人类心灵的律动与诗的节奏美的有机融合，是自然、主体、文本之间内在的感应和契合。本诗中，他不但巧妙地把握住和表现出充塞于日月天地间的大自然的韵律，更敏锐地捕捉到情窦初开的恋人在美妙笛声的感召下所特有的细腻、微妙的心灵颤动。是啊，浸润于这天籁与人籁的交相和鸣，伴随着声韵和情韵的畅融律动，我们读者的心也随着颤动呢。

诗是无形画，《竹笛》恰似一幅和谐静谧的溶溶月夜图。一轮晶莹剔透的明月当空高挂，柔和的清辉洒向葱翠深密的灌木丛和吐露芬芳的林花，成群的蜂儿在悠扬婉转的笛声带动下，不甘寂寞地嗡嗡鸣啼。月移花影，风抚叶动，满心欢喜的情人坐在婆娑作响的巴库尔树下，微笑地注视着不远处静静流淌的朱木拿河……既是诗人又是绘画家的泰戈尔，将他的审美理想融于创作，为我们描摹和铺展开这幅和美画卷。和谐，是印度民族传统审美观念，更是泰戈尔一以贯之的审美理想：“文学在和谐的光辉里向我们显示一幅完整的图画，从而使我们享受到快乐。这光辉就是美。”（泰戈尔《美和文学》）在他的思想和创作中，自然本身具有和谐之美，人与自然、人与人、人自身内心也应有互涵互动、和谐统一的关系，否则就难以欣赏和感受到完整的美。不是吗？置身于这和谐静谧的画面中，我们久渴的心灵是否也有幸福愉悦的哭泣呢？

“以我观物，故物皆着我之色彩”（王国维语），笛或笛声、巴库尔树、朱木拿河这些得到诗人的明显偏爱、曾在其诗作中多次出现的意象，再次被人格化了：巴库尔树“听到笛声也激动地绽现花姿”，朱木拿河的潺潺水声“犹如心灵在哭泣”，天上的明月也“微笑凝视”。“林花的芬芳”（嗅觉）与“笛声的旋律”（听觉）融为一体，则是通感手法的巧妙运用。复沓，是诗人笔下一种圆熟的技法，也是他诗歌的一大特色。“喂，你听，谁在吹奏竹笛！”诗人不时提醒我们不要过于贪恋这美好的“声”与“色”，而要凝神屏息跟随他去寻觅那神秘的吹笛人。

那么，这个神秘的吹笛人究竟是谁？是召唤情人赶赴约会的佳偶，是诗人经常咏颂的若即若离的神，还是诗人自己？——哦，不必去绞尽脑汁苦苦寻觅了，那是诗人心灵的情人，是对大自然、对爱情、对美的执着追求，是对美好人生的盈腔欲溢的爱。

（王汝良）

森林颂

啊，森林，太古的灵魂，
在漆黑的地腹，你听到太阳对生命的首次呼唤，
没有律动的冷峻的岩石上，

你昂首第一个对太阳礼赞；
赋予凄寂酷烈的荒漠以感情。
你头顶青天诵念苍翠碧绿的偈语，
面对天国的星斗的宗族，
高唱人间伟大英灵的颂曲。

生命跨越一座座死亡的城门，
乘坐奇特簇新的形体的车辇，
世代向“无极”的圣地前进，
在一个个新建的驿馆打尖。
你自豪地挥舞它胜利的旌幡，
无畏地站在“未知”的面前。
你无声的话语首次打破陆地的睡梦，
使之陡然想起自己的身世——
坚毅的神女离弃光之天堂，
身着灰暗褴褛的赭色布衣，
在某一段时期，在有限的空间，
部分地享受天国的乐趣，
痛苦的打击下，她一再地
破裂，一再地凝聚。

泥土的英姿勃勃的儿子啊，
你宣布在沙漠的坚固城堡
进行拯救土壤的战斗；你四出征战，
泅游冲破苍海的万顷波涛，
以勇不可挡的气势，在五大洲

空漠荒凉的海滨建立绿色王朝；
你用绿叶的字母在层层山岩
和粗陋的沙砾上书写了胜利文告；
你软化土坷垃；在杳无人迹的
荒原开辟了前进的大道。
太空，海洋，过去冷清寂寞，
没有诵咒的季节盛会——
枝条间你营造原始歌巢，
歌声中活跃的清风得悉了身世；
以你乐音的神奇色彩
涂染了自己的无形肢体，
在轻纱的边缘
映上歌曲的七色彩虹。
广袤无际的原野的背景上，
你首次绘画的美的形象极为生动，
运用从太阳带来的想象力——
叶的光泽中有太阳秘藏的珍宝。
雷神的伶女的脚镯击碎
雨云，当空起舞。
洒落青春的甘霖。
你以花叶之杯承接，
用无尽的青春甘霖
滋润干旱的田野。

啊，安静肃穆的森林，

你审慎地掩饰着你的豪气，
耐心地显示富于力量的娴静；
来到你的道院，我接受“恬静”的教育，
谛听缄默的伟大秘语；
你潇洒的绿荫下，
卧躺着焦急压落的新叶，
荟萃着你形象的胸襟的旷达、
日日更新的雅趣、
征服世界的英雄气概
和大地心中泄露的心声。
我在冥想中投入你的胸怀，
我发现，太阳胸膛上的火焰——
创造祭坛上圣洁的祭火
悄然渗入你的心里，
你有了秀润莹翠的姿色。
啊，光照的食用者，
你千百个世纪勤挤光牛的乳汁，
把营养注入人的骨髓，
使他们得以征服天地。
你赐予他们最高的荣誉——
敢与神明抗衡的气魄。
火光中点燃的他们的力量
穿透了难以克服的阻遏，
在人间创造各种奇迹。
在你心里他们朝气蓬勃，

原文

你的勇武使他们精神抖擞，
你温存的绿荫下他们心平气和，
头戴着你的花冠。
作为他们的使者，
啊，人类的朋友，
与黑天的妙笛应和着，
让我向你叩首施礼，
敬献这赞颂你的诗作。

圣蒂尼克坦　1927 年

（白开元　译）

赏析

本诗选自诗集《森林之声集》。该诗集出版于 1931 年，是泰戈尔后期创作中的一部重要诗集，共收诗十四首，其中大部分以林木为表现对象。在世界各民族文学中，印度文学对森林情有独钟。在古代印度，诗人就特别关注森林，文学作品的场景常常与森林有关，主要人物经常活动在森林。这样的森林书写在印度文学中源远流长。早在产生于公元前十五世纪的《梨俱吠陀》中，就已经有关于森林的描写，其中有一首《森林》，以拟神的方式描写了森林的生命活力和丰富蕴藏。其后，两大史诗进一步丰富了印度文学的森林书写。大诗人迦梨陀娑又将森林书写推向高峰，他的代表性作品，如《云使》、《鸠摩罗出世》、《沙恭达罗》、《优哩婆湿》，都有引人入胜的森林书写。热爱森林，表现森林，成为印度文学的一种传统。泰戈尔继承了这样的森林文学传统，在前期诗集《收获集》中，他就连续创作了《森林和王国》、《致文明》、《森林》、《净修林》等与森林有关的诗篇，中期创作中直接或间接写到森林的作品也有许多。1926 年至 1928 年前后，泰戈尔经过前些年在外部世界的忙碌奔波之后，又重新回到文学创作园地，进入一个新的创作高潮。在此期间，响应大自然的召唤，印度文学的森林情结再度在诗人的心中纠结，他又听到了森林的呼唤，创作出一系列和森林有关的诗作，1931 年结集为《森林之声集》。他在诗集的序言中说："它们的语言，是生物界的原始语言，其暗示渗入心灵深处，震撼千百年被遗忘了的历史；在心中激起的反响，也属森林的语言范畴——没有清晰的意思，然而，期间吟唱着一个个时代。"正是这样，泰戈尔的《森林之声集》可以看作《梨俱吠陀》中的颂诗《森林》的现代回响，越过重重叠叠的历史长河，是印度人世世代代森林情结的不断释放。

《森林颂》是《森林之声集》的开篇，全面深刻地体现了诗集的主题，是诗人森林书写的集大成之作。诗人在诗集的序言中有这样的思考："运动着的元初的生命从哪儿来到这凡世？凡世无意遏制那运动，于是形象的清泉淙淙流淌，它具有丰繁的线条、形态、语言和情感。那元初的生命世界布满新型的表演的创造，能将它的永恒之流在自身中深刻而正确地感受的博大自由，如今在哪儿呢？"（泰戈尔《森林之声集·序》）正是带着这样的问题和思考，诗人创作出这样一首长篇的森林颂歌。

全诗共有四节。第一节有八行诗。前四行是一个诗句，写太阳呼唤生命，森林响应太阳的呼唤，"昂首第一个对太阳礼赞"，由此说明森林是地球上元初生命的代表。这里诗人的想象非常奇特，表现也非常生动。后四行作为一个诗句，是对这一主题的进一步深化。

第二节有十四行诗。前四行是一个诗句，作为生命代表的森林，乘坐"簇新的车辇"，跨越死亡的城门，经过一个个新建的驿站，向"无极"的圣地前进。结合后面的两行诗句，可以看出，诗人将森林视为地球生命的旗帜，在生命与死亡的斗争中，森林象征着生命的胜利，象征着生命对世界的征服。本节的后八行为一个诗句，写森林“无声的话语首次打破陆地的睡梦”，使她想起自己的身世。这里诗人尽情发挥了自己的想象力，结合印度古代神话，说明大地女神来自天国，由于没有森林这样的生命现象，她只能“身着灰暗褴褛的赭色布衣”；可能是由于地壳变动，“她一再地/破裂，一再地凝聚”。

第三节有二十八行诗，写森林作为生命的象征，在世界上不断征服不断开拓。诗人称森林为泥土的儿子，他“在沙漠的坚固城堡”中“进行拯救土壤的战斗”；他在“空漠荒凉的海滨”建立起“绿色王朝”；他“用绿叶的字母”在山岩和沙砾上书写“胜利文告”。在诗人笔下，森林不仅开拓了生命的疆域，而且不断地进行美的创造。森林以自己的枝条“营造原始歌巢”，清风以森林的、乐音的色彩涂染自己的肢体，在冷清寂寞的太空“映上歌曲的七色彩虹”；在广袤无际的原野上，森林“运用从太阳带来的想象力”，“首次绘画”“美的形象”；在雨季来临之时，森林又“以花叶之杯”承接甘霖，用以“滋润干旱的田野”。因此，森林不仅是美的创造者，也是生命的哺育者。

第四节有三十四行诗，如果说前面三节表现的都是纯自然的森林，森林是外在于人的自然存在物，那么，本节表现的是与人类有着密切关系的森林，是内在于人的森林或者说是人化了的森林。由于本节比较长，可以分为表现不同主题的若干单元。第一单元五行诗，表现森林的安静肃穆，诗人主体开始介入表现对象，诗人在森林中接受“恬静”的教育，谛听到“缄默的伟大秘语”。第二单元十一行诗两个诗句，描写森林的形象气质和性格特征，虽然还是那个自然的森林，但诗人赋予它旷达、雅趣、气概和心声，已经进一步将森林人格化、人性化了。第三单元十三行诗，诗人开始升华主题，关注森林对人类的恩惠。森林是“光照的食用者”，它挤来“光牛的乳汁”，又把营养注入人的骨髓，使人类有了强大的力量，可以“征服天地”，“敢与神明抗衡”，战胜重重困难，创造各种人间奇迹。具有多重气质的森林，能够使人朝气蓬勃，可以让人精神抖擞，也可以使人心平气和。最后五行诗作为一个单元，诗人进一步以森林为平台作形而上的思考，把森林看作人类的朋友，是人与神沟通的使者。在印度古代神话传说中，正是在森林里，人类与大神的化身黑天相遇，应和着他的美妙笛声载歌载舞。

总之，这首森林颂歌既表现了作为自然存在的森林的生命力和创造力，也表现了作为人类和各种生物的滋养者的森林的伟大和神奇，又进一步表现了作为一种生活方式象征的森林的深沉和神秘。印度文明素有“森林文明”之称，泰戈尔这首《森林颂》可以说是森林文明的结晶。

（侯传文）

被俘的英雄

五河横贯之邦，[①]
发辫盘在头上。
响应古鲁[②]号召，
锡克人觉醒了。
英勇无畏，
不屈不挠。
万人同呼，
古鲁胜利；
呼声响彻大地，
新觉醒的锡克，
凝视着新升的曙光。

……

英雄们的鲜血

飞洒五河岸上；
万千勇士的生命
像归巢鸟一样，
飞离千万躯体——
被刺穿的胸膛。
英雄们给母亲
描吉祥痣；
他们以鲜血
染红五条河的河岸。

莫卧儿与锡克交锋，
是在残酷的死亡拥抱中。
战场上进行着生死搏斗，
双双掐扼对方的喉咙。
正如那巨蟒
与那受伤的雄鹰恶斗。
在那天激烈的战斗里，
到处是沉闷的喊杀声。
高呼“古鲁胜利”的
是锡克的英雄；
血泊中呼喊“宗教胜利”的
是疯狂的莫卧儿士兵。

锡克坚守的城被攻破，
锡克首领般达被俘获；
莫卧儿军队获得胜利，

般达如雄狮披戴上枷锁；
得胜的军队带上俘虏，
踏上返回德里的道路。
般达在决战中被俘获，
哎，锡克的城被攻破。

……

俘虏们一个个
争抢着慷慨就义，
清晨刽子手的刀下，
一排排俘虏——
锡克的百位英雄
高呼："古鲁胜利！"
　　一百颗人头落地。

七天斩杀七百个生命，
　　最后，审判官把般达的孩子
　　推到般达的胸前。
　　并说："你亲自动手，
把他杀了。"
审判官把手绑着的男孩
推到般达的胸前。

　　般达把幼小的
亲生孩子揽在怀里。
他什么话也没有说，

右手摸着那孩子的头，
暗地里为孩子祝福；
最后他轻轻地
吻一下孩子的红头巾。

般达慢慢从腰间，
拔出锋利的刀；
他凝视自己的儿子，
在他耳边说：
“孩子不要害怕，
高呼‘古鲁胜利’！”

　　男孩的脸上
闪耀着无畏的光辉，
孩子把歌儿唱起：
　　“古鲁胜利！死不可怕！”
孩子看着般达的脸。
般达用左手，
抱住孩子的头；
右手用力
把刀刺进儿子的胸口。
“古鲁胜利！”
孩子高呼着，
倒在地上。

法庭上死一般沉寂。

剑子手拿起烧红的
火钳，夹撕般达的肤肉，
英雄死时岿然不动，
没有呻吟一声。
旁边的人闭上了眼睛，
法庭上死一般沉寂。

1899 年

（黄志坤　译）

注释：

① 旁遮普邦有五条河流横贯其中，因称五河之邦。

② 古鲁，原意为导师，这里是锡克教祖师的专称。

赏析

本诗选自《故事诗集》。该诗集出版于 1900 年，共有二十四首长短不一的叙事诗，前面还有一首序诗。叙事诗都是取材于印度古代宗教经典或民间传说，二十四个故事大体分为四组，即佛教故事、印度教故事、锡克教故事和马拉塔及拉其斯坦的英雄故事。取材于佛典的故事诗主要表现慈悲、仁爱与牺牲精神；取材于印度教经典的故事诗主要表现诚实不欺、慷慨无私和公正廉明；取材于锡克教、拉其斯坦和马拉塔历史的故事诗主要表现敢于反抗、宁死不屈的英雄精神。这就是泰戈尔对真正的印度精神的理解，其中跃动着诗人的灵魂——爱国主义和人道主义精神。这些诗歌是泰戈尔最为印度人民所喜爱的作品，至今仍是中小学课本必选的篇目，也是大学文学系学生必读的作品。创作这些故事诗的意图是挖掘印度传统精神宝库，并站在现代人的立场上，对传统道德精神进行重新阐释。当时英国殖民主义实行的奴化教育毒害了一大批印度青少年，使他们忘记甚至鄙视自己的民族文化传统，同时一些民族主义者又试图恢复传统文化，利用传统宗教的精神力量进行反英斗争。对于西化和复古这两种倾向，泰戈尔都是反对的，因此他要挖掘印度传统文化中的精华，使优秀的传统精神在现代印度人的思想血液中流淌。这些故事诗既有诗的简练优美，又有故事的生动有趣。诗人善于抓住故事中最动人心弦的一幕来描述，着墨不多，却韵味无穷。《被俘的英雄》就是其中最有代表性的作品之一。

《被俘的英雄》属于锡克教故事，取材于锡克教领袖般达于 1716 年领导锡克教徒起义的历史。锡克教是印度 16 世纪宗教改革的产物，教主那纳克是一位宗教改革家，他领导的锡克教既反对伊斯兰教，又反对印度教，因此既受印度教徒排斥，又遭信奉伊斯兰教的莫卧儿王朝的镇压。然而这种双重压迫却培养了锡克教徒英勇顽强、不屈不挠的性格。到 17 世纪时，锡克教发展成为一个武装的宗教派别，其主要活动是反对莫卧儿帝国的统治。他们多次举行起义，留下了许多可歌可泣的故事。泰戈尔从锡克教起义的历史中取材创作这篇叙事诗时，印度正处在英国的殖民统治之下，以孟加拉为中心的印度民族运动蓬勃展开，诗人的创作目的就是为了激发印度人民的斗志，鼓励他们为反对殖民统治而斗争。

《被俘的英雄》可以说是一篇反映锡克人英勇斗争的史诗，其主题是歌颂民族英雄，歌颂人民群众英勇反抗的精神。诗人首先叙述了那些觉醒了的锡克教徒举行起义的雄壮场面，接着写了他们伟大的胜利，然后写了他们悲壮的失败。包括首领般达在内的七百英雄成了莫卧儿的俘虏，但他们个个视死如归，宁死不屈，高呼着“古鲁胜利”英勇就义。作品在塑造锡克英雄群像的基础上，突出了首领般达的英雄形象。敌人让般达亲手杀死自己的儿子,般达鼓励孩子:"不要害怕!"孩子"脸上闪耀着无畏的光辉",父亲把刀刺进他的胸口时,孩子高呼着:"古鲁胜利!"最后刽子手用烧红的火钳扯碎了般达的身体,"英雄死时岿然不动,/没有呻吟一声"。全诗犹如一组巨型浮雕,般达则是在雄伟壮阔的背景上凸出的一尊庄严的雕像。诗的结尾,诗人以胜利者的虚弱来反衬英雄们的高大形象。

《被俘的英雄》是《故事诗》中的名篇,在印度家喻户晓,几乎男女老少都能背诵。本诗不仅在内容上赞美英勇不屈的精神,表现印度人民优秀的道德品质,而且在形式上也继承了印度文学优秀的传统,实现了内容与形式的完美统一。印度文学有以诗叙事的传统,著名的两大史诗《摩诃婆罗多》和《罗摩衍那》世代传诵,历代诗人都喜欢创作"大诗",即表现英雄形象的长篇叙事诗。泰戈尔的《被俘的英雄》具有史诗和"大诗"的某些风格,主题宏大,场面宏伟,英雄形象突出。与传统的史诗和"大诗"不同的是,《被俘的英雄》没有情节的铺排和渲染,而是非常简洁。诗的格律接近民歌,语言用的是生动的口语,因此更富有艺术感染力,更易为一般群众所接受。

(侯传文)

女信徒

摩竭陀王频毗娑罗[①],
皈依佛教拜求佛陀,
终于得到一片趾甲,
保存在御园的地下。
上面饰以珍奇宝石,
建一精巧夺目的塔。

傍晚王后与公主
穿上素雅的衣服。
带着盛果的花篮，
金盘放在宝塔前；
亲手点亮金盘上
放置的金灯。

阿遮世取代父亲，
登上王座好欢欣。
不惜用鲜血冲洗
父王对佛陀的敬礼。
释迦牟尼的经典，
付之一炬未能免。

阿遮世王对宫廷的女人
下了一道死命令：
“只敬《吠陀》、婆罗门和国王，
决不允许你们再有第二信仰。
此令必须牢记心中，
如不遵守灾难无穷。”

秋天一个闲暇日里，
宫女斯里莫蒂
用凉爽的净水沐浴，
带着敬佛灯盏离去。
悄悄来到太后跟前，

默默俯视她的脚尖。

太后恐惧颤抖着斥道：
“你置国王禁令不顾！
阿遮世王下过命令，
谁也不能礼拜佛塔。
违者不是处死现场，
就是长久流放远方。”

斯里莫蒂缓缓出来，
走到王后的梳妆台前。
阿米塔王后手持金镜，
正在梳理长发；
忙着往发缝中抹朱砂，
王后开始并未发现她。

一看见斯里莫蒂，
王后马上大发脾气：
“蠢货，竟胆大包天！
还想献礼于佛塔前。
你赶快从这里走开，
被人发现定有灭顶之灾！”

公主苏克拉，
独自坐窗下，
趁落日的余光，
默诵诗篇。

忽然听到脚铃响，
把目光移向门旁。

公主把诗集扔一边，
立即走到斯里莫蒂跟前。
在她耳边小声说：
“国王的命令哪个不知晓！
你要如此这般不顾一切，
死罪便迫在眉睫。”

斯里莫蒂带着祭盘，
走了一家又一家。
她说：“喂，姐妹们，
已到了敬佛的时辰。”
有的人听了很害怕，
有人对她破口大骂。

日落夜暝暝，
华灯照宫廷。
路黑行人断，
喧嚣终已宁。
神社古钟响，
袅袅绕城萦。

秋夜黑暗里，
星辰在闪烁。

宫门号角呼啸，
囚徒们唱起晚歌。
“大臣的会议已经开完!”
侍卫们高声呼喊。

就在这一瞬间，
宫廷的巡逻发现：
王家御园静悄悄，
黑暗中宝塔前
突然亮起了
一盏盏明灯。

侍卫们刀出鞘，
朝那儿奔去：
“谁是这样的笨蛋，
冒死把禁令违犯?”
“我是斯里莫蒂，
是佛陀的奴隶。”

那天白色的塔壁
溅上了鲜血。
秋天明媚的夜晚，
寂静无人的御园里，
骤然熄灭
最后的灯火。

1899 年

（黄志坤　译）

注释：

① 频毗娑罗，也译频婆娑罗，佛陀在世时摩竭陀的国王。后被儿子阿遮世幽禁。

赏析

本诗选自《故事诗集》，取材于佛教经典《撰集百缘经》。历史上，印度教和佛教曾经长期斗争，斗争的结果是印度教取得胜利。在印度教和伊斯兰教的双重打击下，佛教于十二世纪前后在印度消亡，十九世纪以后才又从境外传入。从宗教教派的角度看，泰戈尔信奉的是印度教。泰戈尔的祖父和父亲都是梵社领袖，他自己也曾担任梵社秘书，属于印度教的现代改革派。然而泰戈尔在宗教思想方面是非常宽容的，作为宗教哲学家，他主张"人的宗教"。在《戈拉》等作品中，他推崇超越宗教教派的属于一切人的宗教。泰戈尔对佛陀释迦牟尼非常尊敬，经常称赞佛教的慈悲、仁爱和智慧。本诗故事内容涉及佛教和婆罗门教的斗争，而属于印度教婆罗门种姓的泰戈尔却对受迫害的佛教表示同情，塑造了信仰坚定、不怕牺牲的佛教女信徒斯里莫蒂的形象，可见诗人思想的宽容和胸怀的博大。

《女信徒》全诗共有十六节。第一节描写摩竭陀王频毗娑罗皈依佛教、崇拜佛陀的情况。频毗娑罗是佛教史上第一个皈依佛教的国王，曾在京城王舍城为释迦牟尼建佛教史上最早的一座大寺院——竹林精舍。这里诗人用频毗娑罗建塔供养佛指甲的细节，形象地说明国王对佛教的虔诚和对佛陀的敬仰。

第二节写王后和公主信佛崇佛，用在宝塔前供奉花果、点亮金灯的细节来表现王宫中的礼佛活动。

第三至第四节，写频毗娑罗之子阿遮世弑父篡位之后禁佛反佛的情况，主要用了两个细节，一是焚烧佛典，二是下令只敬《吠陀》、婆罗门和国王，不能有第二信仰。①

第五至第十节，写宫女斯里莫蒂不顾新国王的禁令，像往常一样沐浴净身，准备陪同太后、王后和公主去敬佛。她先后来到太后、王后和公主的房间，她们都惧怕国王的惩罚，不敢再去敬佛。作品以不同人物的语言和动作的细节，写出了太后的畏惧怯懦，王后的盛气凌人，公主的圆滑狡黠。诗人以简洁的笔墨，寥寥数语，便表现出各自的性格、神态和心理，使人物活灵活现，跃然纸上。

第十一至第十四节，写斯里莫蒂动员人们敬佛，没有人响应，只好在秋风瑟瑟的夜晚，独自在佛塔前点亮象征信仰的一盏盏明灯。诗人用短促的诗行，为主人公的行动营造出一个可怖的氛围，在暝暝的黑暗中，异教神社的古钟、宫门的号角、囚徒的歌唱、侍卫的呼喊，都显得阴森恐怖，而一个弱女子——小小的宫女，义无反顾地去捍卫自己的信仰。

最后两节，写斯里莫蒂面对屠刀，毫不畏惧。侍卫问是谁"冒死把禁令违犯"，她的回答大义凛然，显示了信仰的坚定，表现了不怕牺牲的大无畏精神，让那些随风倒的怯懦者相形见绌。最后，女信徒的鲜血溅上了白色的塔壁，塔前象征信仰的灯火也被熄灭了。在一片黑暗和恐怖中，女信徒的悲剧形象更加震撼人心。

这篇作品超越了诗人本人的宗教信仰，对不屈不挠、不怕牺牲、坚持自己信仰的女主人公表示同情和赞赏，不仅表现了诗人宽容的宗教态度，而且对当时印度人民坚定信念，反抗殖民统治，争取民族独立斗争具有鼓舞和激励作用。在艺术表现上，作品主要运用了强烈对比的手法，一是场景的对比，先写频毗娑罗王时代，以珍奇的佛塔和塔前的明灯象征佛教的昌盛，然后写阿遮世王时代，以佛典遭焚和佛塔冷清象征佛教的萧条；二是人物的对比，王后和公主在佛教昌盛时迎合国王，敬礼佛陀，一旦局势有变，立刻听命于新的统治者，朝廷上下，有些人胆小如鼠，有些人趋炎附势，与此相对照的是宫女斯里莫蒂，违抗国王的命令，在暗夜中点亮佛塔前的明灯，血溅白色的塔壁。在这样强烈的层层对比中，不惜牺牲生命维护自己信仰的女信徒形象显得格外鲜明突出。另外，诗人还善于用具体细节表现抽象的难以名状的思想感情。

（侯传文）

注释：

① 诗中的描述与历史实际有一定距离，主要有两点：其一，阿遮世参与的是佛教内部斗争，而不是婆罗门教与佛教的斗争，不太可能禁佛教而倡婆罗门教；其二，作为反佛禁佛细节的焚毁佛典也不可能发生，因为当时还没有结集出佛典。

纤　足

一双纤足绛红，柔润，倦疲，
在大地的躯体上极慢地前行。
沃野苏醒了无数春天的回忆，
织成了亿万花卉的抚摩之梦。
自古春天盛开的芳香无忧花
仿佛残落融化在绛红的足里；
旭日、夕阳放射的熠熠光华
仿佛全部贮存在双足的影里。
花径回荡着优美的青春之歌，
抱踝的金镯仿佛哀伤地呜咽。
醉生梦死里禁锢着动人舞姿，

那里尘埃残忍，土地快裂碎。
来吧，进入我的心，爱慕的
羞红的莲花为你在心湖落泪。

（白开元　译）

赏析

这首诗和《渺小的无限》同选自《刚与柔集》，该诗集出版于1886年，它是泰戈尔青年时期诗歌创作渐近成熟阶段的一本重要诗集。在此前的另一本诗集《画与歌集》的序言中，泰戈尔说道："这(《画与歌集》)是少年与青年初次相会时的作品……《画与歌集》拉开了《刚与柔集》的帷幕"。"在《刚与柔集》这部诗集之前，我的诗歌语言还未定型。"(泰戈尔《晨歌集·序》)时至《刚与柔集》正式出版，此前在《暮歌集》、《晨歌集》、《画与歌集》中尚且稚嫩的笔调；宛如初涌泉眼奔突而出却缺乏抑制的诗情；对于周遭世界、万千情感的新鲜好奇，并试图表达一切的渴望，在《刚与柔集》中都可以看见比较明显的改善和转变。"少年不知愁滋味，为赋新词强说愁"是区别《刚与柔集》与前几部诗集的一个比较笼统却直观的判别标准。

对于《刚与柔集》，诗人是这样评价的："青春是人生季节的嬗变时期。这时节，鲜花和作物中潜藏的活力，通过绚丽的色彩和形态骤然展露。《刚与柔集》是我青春乍临时的作品，那时我刚刚感受到了自我表现的强烈冲动……我这种放浪形骸、无法无天的疯狂劲儿，在《刚与柔集》中得到直率的反映……有一点值得注意的是，诗集中这类作品在当时的诗苑并不流行。为此，我不得不忍受诗歌理论家和文艺批评家的尖刻抨击。我之所以能置之不理，得力于青春的豪放。自身中迸发的情感，对我来说也是新奇而亲切的。"(泰戈尔《刚与柔集·序》)这部诗集有一个区别于泰戈尔几乎

赏析

所有其他诗集的独特特征，就是诸多直露的爱欲描写。结合他在《刚与柔集・序》中说的话，不难看出他所说的"诗集中的这类作品"如果是针对诗歌内容，而非格律、形式而言，指的应该就是这部分诗作。纳拉万在《泰戈尔评传》中也曾提到过"一些人被这些诗吓倒了"。但其实这种表达方式在迦梨陀娑的著作和印度古代艺术当中是相当普遍的。从这些诗作中我们可以看到诗人对待女性的基本态度，他讴歌的是女性身体所代表的美的最高理念。他认为："自然所有的创造过程，深邃而神秘，它自发地启动，是毫不犹豫地在瞬间完成的。那原始生命的简单肇始，在女人本性之中。"（泰戈尔《妇女》）"造化所有美的景物，是完整的，克制的，稳固的，协调的，女人也是这样，她们中间没有彷徨，没有忧思，任何心灵不会走过去破坏她们的韵律，任何争论也不会拆散她们的谐韵。"（泰戈尔《女人和男人》）

《纤足》是他那些充满爱欲的诗歌中十分含蓄的一首，整首诗对女性躯体的描写仅限于局部——双足。然而恰是由于这种限制，使得情感和欲望在有限的表达内无限膨胀。"一双纤足绛红，柔润，倦疲，/在大地的躯体上极慢地前行。"前半句展开了多种感官攻势，绛红是视觉的，柔润是视觉和触觉共通的，倦疲是观察角度的转换，因为它多半只能由对象自身感觉到。把女人的脚形容成红色的莲花是印度文学惯常的描写手法，例如迦梨陀娑笔下的沙恭达罗："或者是要我把你荷花一般红色的双足，圆腿的女郎呀！放在我的怀里抚摩拥抱？"另外印度女人也有用偏红色的植物汁液在手足上绘上图案的习俗。红色的手足在印度文化精神中无疑暗含着情欲的色彩与诱惑。后半句则以观望者的视角突出动态的美感和诱惑力，"慢行"不仅针对"倦疲"，也是欲望的再次挥手。印度文学中类似例子是很多的："因为臀部肥重，她走得很慢，似乎是卖弄风情。"（迦梨陀娑《沙恭达罗》）行走的对象——大地也被拟人化了，在躯体上缓慢前行，完成的是动作的招诱，模糊了被走的大地和走路的女人之间的区别。

第二、第三两句，引导我们进入诱惑的第二阶段。“沃野”、“春天”、“无忧花”、“旭日”、“夕阳”都是从外在世界寻找到的与女人之美匹配之物，这些意象把前一句单纯突出女性身体的美丽悄悄向着青春的热情转移，它们真真切切地展露出青春的生命力。勃勃生机的涌动带来无限接近的真实感，虽然都是物的意象的堆积，但人的形象已开始活化。然而，就在我们欣喜注视着自以为款步而来，充满生气的丽人的一刹那，“苏醒”的是“回忆”；“抚摩”的是“梦境”，虚幻了似乎已经唾手可得的诱惑。残落双足的无忧花，储存在足影里的灼灼光华固然美不胜收，却又使一切显得那么飘摇、渺远。伸出手去，抓住的会是什么呢？无数个遥远的回忆，还是恍若真实的迷梦？是无忧花的残迹，抑或暗影中的光华？

第三部分的四、五两句明朗化了这种对立。也许青春的诱惑就在于此。花径中怒放的青春、撩人的舞姿对应着哀婉动人的呜咽、醉生梦死的桎梏。泰戈尔曾说“男人心中的梦想，把它的光荣装点你的青春，你一半是女人，一半是梦幻。”(泰戈尔《女人一半是梦幻》)真实与虚幻的浑融，交杂在被观的美丽和观而不得的失落之间。愈美，愈不得，便愈失落。在这一部分，我们明了了前一部分那暧昧不清的对立，它不在此，不在彼，恰恰在主体和客体之间，它其实就是因不得而满溢的爱慕之心。

在理想和现实的撕扯下，诗人终于发出直白的心声：“来吧，进入我的心，爱慕的/羞红的莲花为你在心湖落泪。”这最后一部分不同于前文的铺陈、渲染，而是直接的呼告，是不堪痛苦搅扰的诗人所做的大胆告白。然而也正是由于这告白，使得读者与作者本身从观望者这一原本同一的角色中分离开来，这究竟是否是一种缺憾，则是见仁见智了。

原文

纵观整首诗，欲望的潜行始终伴随着观与被观恰到好处的设定，因此这一类诗歌的客体基本都是被观者。诗歌描写的对象处于被观望、被欣赏的状态，缺乏主体性，是被动的引诱实体，而被引诱的则是观望者，是我们，是主动的欲望实体，同时这个主动的观望者被假定为男性。“梦笑开娇靥，眠鬟压落花。簟文生玉腕，香汗浸红纱。夫婿恒相伴，莫误是娼家。”（萧纲《咏内人昼眠》）当我们围绕萧纲的夫人疲于奔命绕了一大圈之后，欲望和现实之间依旧是墙里墙外，泰戈尔做得虽不如萧纲般决绝，但手法和目的是相似的，望而不得放大的是翻倍的欲望，胜利的是诗人的狡黠。

最后，客观地说，和泰戈尔诗歌创作成熟期和高潮期的优秀作品比起来，这卷诗集中的作品确实还存在一些不足。比如这首《纤足》，虽然是一首不错的诗，但是在意象的构造上还不是很妥帖，单句看尚可，连起来就显得有点杂乱无章，堆砌的嫌疑比较大。意象组织和语言运用的纯熟度还欠火候，语言和思想的衔接也稍显粗糙。绝佳的诗句对赏析者来说应该是易于感受却难于表达的，《纤足》意象优美，但属于很容易理解和转述的一类诗作，能看见诗人的感情，却难让读者沉迷。

（刘　潋）

渺小的无限

无限的日夜是时间的呼吸，
在其中间只有一个个瞬息，
一个个甜蜜的黄昏，一点点风丝，
微弱的光明与黑暗聚合之地——
在其中间只有一朵茉莉，

一点儿蕴含着笑意的芳香，
她那小小的朱唇不管是否被我触及，
她都不会欣喜地张开，
她自己会欣喜地凋谢坠地。
全部无限存在于瞬息里，
而茉莉就长在一片森林的边缘。
无限存在于眨眼的一瞬，
花开花谢均在那一瞬间，
无限融化在自身里。

（董友忱　译）

赏析

从文学角度而言，“有三种主要文学影响着罗宾德拉纳特（泰戈尔的名，作者注）诗歌创作的发展，它们是梵文古典文学、中世纪毗湿奴虔诚诗歌和西方文学。正如三条河流的汇合处普拉雅伽成为圣洁的朝圣地一样，这三股不同的文学潮流汇合在一起，在罗宾德拉纳特的诗里形成了一个神圣的汇合处。”（克里希纳·克里巴拉尼《泰戈尔传》）从哲学角度而言，印度教思想是泰戈尔哲学最重要的组成部分，此外佛教、基督教、西方现代思想也对他产生了一定影响。泰戈尔的家族是西孟加拉邦加尔各答上流社会的名门望族，在其祖父时代，家族达到鼎盛。一方面，虽然“泰戈尔家族属于印度最高种姓——婆罗门，但是到了泰戈尔出生的时候，他的家人已经不再严格遵循古老而迂腐的陈规戒律，因此，在正统的印度教徒看来，泰戈尔家族已经离经叛道了。”（董友忱《泰戈尔画传》）泰戈尔的父亲代本德拉纳特于1839年创立“通梵协会”，后更名为“知梵协会”。[①]它是代本德拉纳特穿越迷惘，在《奥义书》中找到的宗教、人生、世界的答案。“梵社”的宗旨在于“敬奉宇宙间独一无二的大神——梵，将人们从偶像崇拜和迷信活动中解放出来”（董友忱《泰戈尔画传》）。因此，从社会、宗教角度看，泰戈尔家族或许是以改革派面貌示人，但从哲学、精神角度看，代本德拉纳特影响下的家族反而是纯净的传统信仰者，他们的思想是知识权力、独立思维与宗教传统的晶莹结晶。另一方面，代本德拉纳特是一个极为虔诚的宗教信仰者，虽然主张改革印度教，反对旧式教派中的陈规陋习，但是也会极力维护一些旧习惯，例如给孩子们举行佩戴圣线仪式[②]，为此他与“梵社”青年派常起争执，最终分道扬镳。

作为泰戈尔哲学思想根基的印度教思想或者说《奥义书》哲学，在泰戈尔诗歌中最重要的表现之一就是“梵我合一”。这首《渺小的无限》向我们展示的就是这样一种哲思。

“无限的日夜是时间的呼吸，在其中间只有一个个瞬息”将抽象的概念具象化，这一表达方式在印度文化传统下并非鲜见，在一些文学、宗教作品和古典神话中都能看见它的影子。例如印度教宇宙图景中的时间单位之一为“劫波”，即通常所谓的“劫”，一劫相当于一个“梵天[③]日”，等于人间的43.2亿年，夜长亦然。“印度教创世说认为，世界存在一劫之后，在创造神梵天睡去时被劫火烧尽，归于毁灭。待熟睡一劫醒来后，他又把世上的一切重新创造一过，并使之再存在一劫之久。”（葛维钧《南亚研究》）从人世到梵天，世界都在以无限的日夜循环，就像我们的生命不过是漫长时光之河的一个瞬息。“呼吸”的比喻带来悠长宁和的体验，而“瞬息”就像一闪而过的流星，一个个闪过、消逝，渐渐累积。它们是对立的，却又极度和谐，和谐到过于温柔，温柔到些许冷漠、残酷。原本是被具象化的意象，此刻却显得分外虚空。

接下来依然是具体的形象，黄昏是甜美的，美得像馥郁的花香，夕阳里化不开的微笑，伴着一点点风丝。“风丝”的作用是微妙的，动态的风让前半句静态的美活了起来，又与后半句勾连，让人感到隐约的危险，就像不胜摇曳的烛光，一个呼吸也会使之熄灭。黄昏、黎明、白日、黑夜，泰戈尔一生都在执著地使用着这些意象。与黎明一样，黄昏暗示的是一种过渡，一种随时可能倾圮的脆弱平衡。如果说黎明更多地带上生的朝气、躁动的活力，黄昏就更偏向死的宁静、安稳的甜蜜。

然而就在这样一个略带不安的聚合之地，我们却意外地发现一朵小小的茉莉。在印度，茉莉是妇女们头上的常见装饰之一，它的香气清凉淡雅，尤其在黑夜里会更显浓郁。白色的茉莉开放在昏暗的不安里，芳香带着“笑意”，带来安稳的气息，就像恐惧中遇到的一丝光芒，让人情不自禁地想接近它。但是诗人马上将这刚萌生的欣喜化为空虚：不论“我”是否能触及，“她”都不可能因我而产生任何反应，“她”的全部就是“她”自己，“我”永远无法在“她”的世界存在。“我”唯有带着些许悲哀、些许无奈，看着“她自己”“欣喜地凋谢坠地”。

第二句既是承接也是反转。“森林”可与前一句“微弱的光明与黑暗聚合之地”对应，是切割光影的存在，“茉莉”就长在这样的边缘之地。“边缘”的意象同样是脆弱不安定的，它紧紧贴合并延续了上一句的氛围。但是第二句的前半句则是反转，在第一句的前半部分我们得到的是全部瞬息存在于无限里这样一个讯息，然而第二句则变成了“全部无限存在于瞬息里”。那么无限与瞬息的关系究竟为何？

第三句可以说是对前两句产生的矛盾的回答，但却似乎将浑水变得更浑。第三句的第一个半句顺接第二句的意思：无限存于一瞬。第二个半句呼应的是前面两句的茉莉和瞬间。前两句的茉莉和瞬间是分离的：茉莉与边缘产生联系，不论是黄昏还是森林；瞬间和无限产生联系，不论是容纳还是被容。但在第三句的第二个半句诗人将前文分开的两块合并起来，“花开花谢均在那一瞬”，为什么？这种结合的意义又在哪里？接下来的最后半句说道：“无限融化在自身里。”在第一句我们分析过茉莉的世界与“我”无关，相对于茉莉，“我”是来自外部的动因，但“她”是“我”无法插足其间的存在，“她”的世界是自为的，“她”的全部动因仅仅在于“她”自己。当我们把茉莉代入第三句的“自身”，逻辑便清晰可解了。第三句的三个分句传达给我们的分别是无限在一瞬、茉莉在一瞬、无限融于茉莉。最终，所有的意象归为一点——茉莉，茉莉是一瞬，是无限，是那个“我”无法碰触的神圣。在这样的神圣中，一切看似矛盾的因素都是圆融一体的。“我”试图走向神圣的梵的境界，可是当“我”真正认识它的时候，“我”才哀伤地察觉，“我”的渴望将永远被拒之门外，或许正因为如此，“我”才真正知晓了它的圣洁所在。体会到了吗？诗人的情绪，是感伤的、无奈的，但同时也是快乐、安详、爱恋的，仿佛带着泪水的微笑。

附带一提，在《刚与柔集》中泰戈尔的世界观已经基本完形，在这本集子里出现的很多主题和意象，都是泰戈尔终身眷顾的。在前一首《纤足》中，我们可以看到诗人从最初《暮歌集》、《晨歌集》中的自然之爱过渡到女性之爱。这首诗里则显示了“梵我合一”思想的影响和黄昏意象的内涵。泰戈尔曾经说过：“与青春激情一样，首次渗透我诗歌的强烈感触，是人生道路上死亡的闪现。仔细阅读我诗作的读者一定注意到了，对死亡的深刻认识，是我诗歌的一项特殊内容，它表现于各类作品中，而首先表现于《刚与柔集》中。”（泰戈尔《刚与柔集·序》）《奥义书》是讲求苦修和遁世的，黄昏也隐约带有那么一点点死亡的情调。对死亡的认识，这首《渺小的无限》并非典型，但仍具有一丝浅淡的暗影。

（刘　潋）

注释：

① 1843年，代本德拉纳特的“知梵协会”与罗姆摩罕·罗易创立的“梵社”合并，沿用“梵社”之名，后在孟加拉地区迅速发展，成为印度影响深远的社会、宗教

改革组织。年轻的泰戈尔于 1884 年开始担任“梵社”的秘书，并积极参与其宗教活动。

② 圣线也叫圣带，一般印度教家庭会在男孩十二岁时为他们举行佩戴圣线仪式，仪式的主持者将白色的圣线从孩子的左肩斜挂至右肋，它标志着孩子已正式成为印度教徒。

③ 印度教中梵天出自混沌世界的水上金胎（金鸡卵），是世界的创造者，原初之神。当世界在一劫之末毁灭时他便开始新的创世。

临别时的礼物

我用怜悯的朱唇
　　悄悄地赠给上路的行人
一件最后的礼品——
　　那是一瞬间的爱吻。
我永远不会忘记，我要铭记在心底——
清晰地表达这空虚的希冀，
在那双被泪水模糊了的眼睛里
　　温柔的话语被阻止。

上路的行人将这番话语
　　铭记心里。
留在他身后的这最后的激情
　　他知道是作为路上的盘缠。
当黑暗笼罩大路之时，
寂静的大地沉浸在充满差错的梦境里，

“我永远不会忘记”，这轻柔的语声
　　那时就会在我耳畔响起。

上路的行人是明白的——
　　该走的人正在离去，
留下的人们在把他寻觅，
　　而出走的人会被忘记。
然而他是在欺骗自己，
心里仿佛响起了竹笛，
“我永远不会忘记”这话语
　　犹如优美的曲调在胸中回荡。

新加坡　1927年8月19日

（董友忱　译）

赏析

这首诗选自1929年出版的《穆胡亚集》。穆胡亚是印度暮春季节开放的花卉，它不是适宜盆栽的矮小灌木，而是能生长在密林里的大树，花朵拥有浓郁的芳香，甚至太过浓郁而闷人。穆胡亚还可以酿造一种醉人的甜酒，初尝甘美，却很容易使人醉倒，这种酒在孟加拉农村很普遍。有人请泰戈尔从旧作中编选出一部浪漫主义的爱情诗集，但是他却就这一题材写出了一部新的诗集——《穆胡亚集》。《穆胡亚集》是泰戈尔这一阶段（高潮期1919～1941）的代表作，也是他整个诗歌创作中的优秀作品之一。

《临别时的礼物》写于1927年8月，在这前后的几年，泰戈尔一直辗转世界各地进行访问。1924年4月，在结束了又一次欧洲之行后，他回到了圣蒂尼克坦，但是7月又动身前往新加坡、马来亚、印度尼西亚和泰国访问，直至 12 月返回印度。从日期看，这首诗写于 8 月 19 日，另一首写于同一天的《新听众》的落款是“波朗休斯号船 1927 年 8 月 19 日”，由此我们可以基本判定，这首《临别时的礼物》的写作时间应该是在诗人离开新加坡之际。这样看来，它更像是一首赠别诗，却被诗人放进了《穆胡亚集》，而当年同样是在新加坡写的另外几首诗（包括上文提到的《新听众》）都出现在《总结集》中。我们不妨推测，除了单纯的赠别意义之外，在作者心目中，它还存在别的解释。那么就让我们忘记送别，重新看待它吧。

首先看第一段，临别的最后一件礼物是悄悄而短暂的一个吻。这样的礼品既不是可以把玩的实物，也不是无法久存的空虚。就像一个温柔的烙印，烙在旅人的心田。根据第二段的“上路的行人将这番话语/铭记心里”，可推测第一段的“我永远不会忘记，我要铭记在心底”应该是旅人对馈赠者的回应。因此，这里的“我”和第一句的“我”分别指的是“行人”和赠吻人。行人对馈赠者的回应是“清晰”明白的，足见他心里确确实实地认为“我永远不会忘记”，至少他是这么希望，也乐于如此相信。但是为什么这句的后半部分会说“这空虚的希冀”呢？这在第三段可以找到解答：“上路的行人是明白的——/该走的人正在离去，/留下的人们在把他寻觅，/而出走的人会被忘记。”行人很明白该走的终归要走，即便留下的人将他寻觅，一切终究都会淹没于记忆的河底。时间就像流水，用静谧的力量悄悄将一切腐蚀殆尽，不管当时希望铭记的愿望是多么强烈，在时间的长河中也会逐渐淡漠、消隐。因此，纵然已泪眼蒙眬，温柔的话语却被阻挡在途中。

行人出发了，就算他认为这馈赠终将变为空虚，他也试图将这份爱意铭记于心。行人的旅途是现实的也可以是精神的。对他而言最重要的绝非物质，而是精神之旅的盘缠，“最后的激情”成为他未来的食粮。当人生/精神的旅途遭遇不顺，黑暗开始笼罩前路时，获赠的盘缠便开始弥补由于自身的亏欠所带来的危机。如果大路是生命的轨迹，那么大地就是你生之所在的世界。当你的世界开始迷失在虚幻与真实、梦境与清醒之间，当你感受到似乎被一个巨大的梦境所笼罩，无从辨明、无法逃逸时，可怜的你甚至还不如兔子洞里的爱丽丝，徒劳挣扎在满是差错、充满悖论的癫狂幻境。这时，“我永远不会忘记”——这曾经的誓言，黑暗中的一点光，告诉你爱的存在，指引你生的方向。

第三段的第一句回应第一段“空虚的希冀”，告诉我们这位悲观主义的“行人”未曾说出口的心底执念。他并不相信有永不凋零的爱的力量，即使他是那么依赖爱的赠礼。第三段的第二句与前几段不同，前文出现的一直都是赠礼者和行人，这一句则出现了第三者的声音，这个第三者是全知全能的，他告诉旅人也告诉我们那被心底执念遮蔽的真意：“他”（行人）坚持的“空虚的希冀”是在欺骗自己，真实的声音仿佛心中响起的黑天[①]的竹笛，回荡在心中，诉说着行人真实的心声：这份爱，我永远不会忘记！或许这也是泰戈尔想传达给新加坡友人们的心意。

（刘　潋）

注释：

① 印度教神话传说中大神毗湿奴的化身之一，泰戈尔的《帕努辛赫诗抄》就是关于黑天和罗陀的爱情的诗集，竹笛是牧童黑天常吹的乐器，在泰戈尔的诗歌中兼具心灵和爱情的寓意。

期　待

我坐在你酣睡的边沿
美梦的门口，宁静的夜晚，
那时窗户外闪现第一颗
晓星，我凝神屏息望着
你的面孔。如同残夜时分，
风儿停歇，清寂的海滨，

冥想的僧人的迷离的眼睛
遥望东海，在第一束阳光中
完成爱抚的圣浴，不眠的欢悦
使我满怀希望消度着长夜，
好像金色花舒张艳丽的花瓣，
你初醒的第一丝微笑漾散
在半张的嘴唇，我主意
已定，在你的眼角悉数采集。

1932 年

（白开元　译）

赏析

1932 年泰戈尔已年逾古稀，出版于当年的《总结集》，在名字上就可以看出诗人归纳人生的心态。可是这本诗集却丝毫不显龙钟之态，恰恰相反，诗人在感到几近耄耋之后，对社会发出了拼尽全力的最后一喊。当时诗人正投身于火热的印度民族解放运动，抗议英国殖民当局逮捕甘地，抨击英国殖民主义和印度种姓制度等旧传统，高歌对祖国母亲的挚爱。这些都在《总结集》中得到直接反映。

结合这部诗集的总体特色，我们或许可以猜测这首平和的小诗是在以情歌的方式称颂祖国。在泰戈尔的心目中，祖国的形象一直都是女性，尤其是母亲。她有着宽厚仁爱的一面，也有着刚强冷酷的一面。除了是对祖国的颂歌，这首情诗本身也是一首非常美的爱的颂歌。

爱，是人类生命中最本质的东西，它扰乱人心，又让人心驰神往。泰戈尔表达爱的方式总是习惯于设定某种特殊的情境，就像一张旧相框里的侧影，你试图看清楚，它却愈显朦胧。这首诗第一句就很美，“我坐在你酣睡的边沿/美梦的门口，宁静的夜晚，/那时窗户外闪现第一颗/晓星，我凝神屏息望着/你的面孔”。爱的对象沉浸在甜梦中，“我”静静而来，不干扰你的世界，偷偷地欣赏你的美；也不让你离开“我”的世界，守候在你“酣睡的边沿/美梦的门口”，充当你的护卫。“静夜”和“晓星”插入“我”欣赏的半途，就像切换的镜头，把小空间的人放大到静谧的宇宙，用外物衬托爱的氛围，营造出恰当的时空感。“边沿”、“门口”带来不稳定的气息，像月色下漂浮的气泡，惹人怜爱。但是对于爱人者而言，又有谁会介意呢？满心只剩一个念头——屏息凝视你的面孔。

时至残夜，晓星初现，爱人的面庞是如此让人心神荡漾，可是激起的却不是热切的欲望，而是守护的慈祥。“我”的心情纯净如这般残夜，风儿停驻，在清寂的海滨，沙滩小口啃啮着海浪；圣洁得就像冥想的僧侣面对宇宙投射的第一束晨光。爱不仅是美的奥义，也是真的奥义，是神圣的造化。“我”就这样怀着纯净的情感，带着不眠的欢愉和希望消度长夜。金色花又叫“瞻波伽”或“占波”，属大型常青树，开金色、白色碎花，是印度的圣树。它不仅有阳光的色彩，也蕴含神圣的力量。晨光初露，你的面庞露出金色花一般灿烂的微笑，“我”经历漫长等待的希望终于得到了报偿，看着你美胜一切的微笑，半张的嘴唇，微弯的眼角，“我”的心意变得坚定，或许之前曾有过犹豫，有过怀疑，有过焦躁，有过恐惧，但在你的微笑面前，都变得不足为虑。

这首诗中，年迈的泰戈尔已然超越了世俗的情感，把对祖国母亲的爱意表达得深沉且委婉。如果说长夜代表孟加拉，乃至印度的现实，残夜就预示漫长等待的终点。东海之滨是孟加拉，遥望东海的僧人是坚持理想、守望晨光的祖国卫士。祖国初醒的微笑，是守护者们最大的期冀，主意已定也是为了采集祖国嘴角、眼窝的那抹微笑。没有亢奋的情绪，没有激烈的呼号，没有愤怒的斥责，整首诗平静得宛如一杯清水，映照出最无瑕的心灵和爱情。

（刘　潋）

夜的礼品

路的尽头，
灯光已经熄灭，今天已没有
唱歌的时间，你如何消度黄昏？

夜晚不像不生育的女人，
黑暗中它催开的鲜花
无法看见——白天残酷的烈日下，
那花未绽放，
它的花蜜林地想要隐藏，
所以你小树林里的蜜蜂
在吝啬的林径上徒劳地祈求同情，
沿着空中的路飞去。
夜里
开的花不应摘下带回书斋，
花瓣不能串成项链；
它只带来幽秘处花香
遮掩、令人怀想、
白天人海中消失的眼睛
和静穆中沉没的声音；

原文

它只带来我未认识的人的身世，
　只带来对未发生的事的热切的回忆。

夜阑之篮装满梦绕的星星，
　在远空闪现，但不甘愿就擒；
同样，冥想远方，夜间的花在感觉中
　解释不可抵达的成功，
路的尽头，那不可知不可触的礼品
　临别时装满你的心灵。

1934 年

（白开元　译）

赏析

阅读泰戈尔的传记，隐约存在这样一个感觉，随着名誉的增长和社会活动的频繁，我们对他个人的了解反而减少了。他的每一个活动都被翔实记录了下来，但除掉冗繁的年份数字和活动名录以后，我们很难分清一年与另一年之间有什么差别，他的后半生被浓缩成了一张张表单。这并非质疑传记作者的努力。因为随着年龄的增长、阅历的增加、人生观的确立、艺术手法的纯熟，一个人的心性也逐渐趋于稳固。加之他晚年的游历实在太丰富，让人难以一一尽述。以至于愈想深入他的作品，时空的界限就会变得愈模糊。因此要想确证他的心思，最直接的途径似乎就是通过他自己。

《小径集》与《最后的星期集》（又译《最后的旋律集》、《最后的演奏集》）同出版于 1934 年。与《最后的星期集》感怀往昔的整体氛围相比，《小径集》则更显轻松愉快。《小径集》里的诗歌种类丰富多彩，没有统一的规律，就像蜿蜒在森林里的小路,转角便是一道新的风景。尽管这是一部色彩缤纷的集子,它的主调还是歌颂爱情。

我们选择的这首《夜的礼品》选自《小径集》,属于哲理诗,也可看作抒情诗。对泰戈尔而言,人生的幸福感很大程度来源于馈赠和接受赠礼。这些礼品在他心目中不是实物,而是心灵感受。他从自然中感受赠礼,从女性的爱里接受赠礼,怀着感激的心态从生活的点点滴滴中撷取宝贵之物,将它们酝酿成蜜,再赠予他人。

第一段的时间是黄昏,黄昏本应该是晚灯初上,匆匆返家的时刻。可是路的尽头,灯光不是点上而是熄灭,不是迎接而是拒绝。印度人是很喜欢唱歌的,泰戈尔自小就特别喜欢唱歌,似乎对自己的歌唱水平也颇有自信。黛维夫人记录道:"那一天他唱了很多歌。那几天我们能够听到他这样无拘无束地唱歌,真是奇妙呀。因为,不满意自己那日益微弱的声音,他几乎不再唱歌了。他会说,'上帝从前赐给我一副好嗓子,但是现在他要把赏赐收回去了。如果你及时来的话,你完全用不着问了……在那些日子,我能够使你的心因音乐而疼痛。'"(梅特丽娜·黛维夫人《家庭中的泰戈尔》)或许歌唱在他的生命中就是时日的一部分,是消度黄昏的良伴。黄昏展布下局促和拒绝的基调,让我们疑惑、担心,出路究竟在何方?

第二段,过渡到夜间。薄暮中,夜色降临。夜晚在泰戈尔的许多诗里是同时兼具死亡和柔美之力的,这与泰戈尔的死亡观密切相连。从《刚与柔集》开始,泰戈尔就落入了死亡的罗网,印度的宗教和《奥义书》的引导固然是原因之一,但是周围至亲之人接连辞世才是死亡主题成为他心中抹不去的瘢痕的根本原因。"'它的打击,'诗人说,'在每次失去亲人以后,随着流不尽的眼泪变得越来越惨重了。'"(S·C·圣笈多《泰戈尔评传》)他既想从中逃离,又不自觉地眷恋死亡。向生性和向死性在泰戈尔的诗作中执拗地反复咏唱。"夜晚不像不生育的女人",很明显,夜晚其实是和不生育的女人并置的，作者的表层叙述极力否定了这一点。正是他否定这一点，才暴露了他在潜意识中认为夜晚和无法生育的女人确实存在联系。泰戈尔说："我已经抵达人生旅途的最后一站。我希望，想要对我有所了解的人，目前起码已经知道，我不曾出生在衰朽的世界，我看到的一切，未使我的双目感到疲倦，我没有发现奇迹的末端。无始未闻的福音，环围着世界，对着无尽未来轰响，激起我心魂的共鸣，我仿佛千秋万世聆听过这宇宙的梵音。"（泰戈尔《七旬回眸》）这是泰戈尔写在七旬边上的回想，我们可以清楚地看到他对生死的态度。很明显，此时的泰戈尔把生摆于上，把死置于下，或者说对他而言，死已经化为生的一部分，成为生的延续。所以本体和喻体间出现的矛盾反差，现在就很好理解了。

夜晚孕育的鲜花，在白日的烈焰下是看不见的，那时它还未绽放。获得花蜜是件很困难的事，它想方设法地把自己隐藏。"花蜜林地"寓意夜晚的产物，"小蜜蜂"则是白日的采撷人。如果夜晚是带着不可生育色彩的可生育的女人，那么她孕育出的产物必然是不同于白日的——微妙、神秘甚至暗含失望和危险。要想撷取它就不能通过惯常手段。因此树林里找不到蜜源的小蜜蜂，"在吝啬的林径上徒劳地祈求同情"，悻悻地"沿着空中的路飞去"。

夜晚开放的花多半有着强烈的香气，它们吸引人不是靠视觉，而是靠嗅觉。只有迟钝了视觉，模糊了白日喧嚣的世界，调动其他感官方能觅其芳踪。找到夜间花以后，它们是不应当采摘下来，串成项链，作为视觉成果带回书斋的。否则夜间花就不再是夜间花了，失去了独特特征的夜间花，它的意义将被扭曲。若想获得夜的礼物，带走的就不应是采摘后的花朵，而是"幽秘处花香/遮掩、令人怀想"。怀想的对象是"白天人海中消失的眼睛/和静穆中沉没的声音；/它只带来我未认识的人的身世，/只带来对未发生的事的热切的回忆"。诗歌发展到这里，种种意象的寓意已逐渐清晰。

白天显然对应的是现实世界；夜晚是哲思，是浩淼神秘又显空寂的精神世界；花与蜜是夜的礼品，是美与真的真理。泰戈尔认为自己身上最大的特点就是自相矛盾，在给罗曼·罗兰的信中也说道：“在我的个人性情和周遭环境之间，这两项斗争力量是我身上平等的天性，我不能免责于为了把我生命中的难题简单化而摆脱任何一方。”现实与精神两相对照，在这首诗里，泰戈尔找到了一个平衡点——夜的礼物。不迷失在白日的喧嚣，也不沉溺于夜的解脱，而是借助夜的礼物，热切地将目光投向未知（“未认识的人”）和未来（“未发生的事”）。

最后一段呼应第一段。第一段的时间是黄昏入夜前，第二段是夜间，第三段则是夜阑时分。夜色将尽，预示我们的精神之旅即将告一段落。理想（“梦”）的实现（“星星”）变得可见，虽然还是在“远空闪现”，不愿就擒，不过这满载的希望足以让人欢欣雀跃。“冥想”象征的是思想的求索，在这条探索之路上，夜间花为你指引方向，不过这方向是朦胧的，它还只是“在感觉中解释不可抵达的成功”。精神能指引现实，却不能取代现实，前路究竟会是哪般模样，仍旧需要在现实中探索。但不管怎样，这一程探索已毕，新的道路即将铺展，幸福地接纳夜的馈赠吧，它会带给你信心和勇气，“那不可知不可触的礼品”已在“临别时装满你的心灵”。

（刘　溦）

呼唤之歌

号角已响彻大地，
我听见了——
大家高举着旗帜走来，
孟加拉人在哪里？

在孟加拉的大海之滨
　回荡着低沉的哭泣，
“你是何人住在孟加拉人家里？
　出来吧！”呼叫迭起。
家家户户的大门为何关闭？
　路上为何不见行人的踪迹？
全村的人仿佛都已死去，
　留下来的只有哀痛悲戚。
恒河凝视着雪山冰峰，
　只是在默默地奔涌，
太阳月亮升上无限的天空，
　来了又去反复无穷。
经受多少危机、多少痛苦，
　都是为了人类后代的幸福，
在人类子孙的家里有过
　多少争吵、多少恸哭！
多少兄弟相互怀疑，
　彼此之间不存敬意，
女妖夜叉在他们心里
　播下了仇恨的种子；
埋在内心里的苦痛
　在怀疑的黑暗中拼命抗争；
如今谁都不肯去慰藉对方，
　谁又会让对方得到安生！
应该消除恐怖、痛苦、悲愁，

应该为此而战斗，
大地也为此而叹息，
战士们，听到没有？
大地在呼唤自己的儿女，
风暴已经过去——
多少兄弟走出家门，
去寻找自己的兄弟。
消息传到孟加拉人的茅舍，
大家是否已听到？
莫非诗人已经觉醒，并用雷云般的
低沉语调讲述此事？
是否有人心情激动？
是否有人睁开了眼睛？
难道有人砸碎心爱的玩偶，
离开了游戏室？
为什么他们窃窃私语，疑虑重重？
为什么如此羞愧惊恐？
请打开大门，丢掉恐惧，
走进大千世界，
藏在大地泥土里的
是惰性缠绕的身躯，
那是幼虫蜷曲着身子，
在那里沉睡。
四周有它自己的欢乐，
万物生灵在从事自己的劳作，

原文

在周围无限的天宇中
　回荡着天堂之歌。
它周围人类的伟大尊严
　高耸入云端，
人类在无限中寻找
　自己的界限，
他们不相信别的什么东西，
　只晓得自己伟大壮丽。
他们自己在预测着自己的运气，
　一直在收集泥土。
幸福和痛苦的斗争永无休止，
　世界的战场就在这里。
在这里谁会渴望怯懦者的休息，
　为什么你在这里沉睡？
你在泪涛中漂浮，
　你在倾听别人哭泣。
你抬头看一看，海岸在何处
　请你横渡到大海的彼岸去，
在喧嚣声中大家修筑堤坝，
　你来吧，你也该参加；
面对困难而裹足不前——
　难道要享受劳作的成果？
如果你干不来，就请你走开，
　你把位置让出来。
你可以倒在泥土里死去，

为何又如此哀鸣！

啊，请你们瞧瞧自己的容颜，

你们是什么人，请想想看。
你们还有人类的形象吗？
为什么柔弱得如同幼虫一般？
你们拥有历史和家族的荣耀尊严，
那才是伟大气节的源泉！
听吧，祖先唱过的那支赞歌
至今仍然在耳边回旋。
他们仰望天空
找到了星星运行的路径，
他们怀着无限希望告别人生，
乘坐理想之舟遨游。
为了真理他们像恰多克鸟
满怀渴望心情激动，
他们日夜清醒，
注视着世界。
为什么这里所有人都耳聋？
为什么人心都不觉醒？
为什么世界的呼唤之歌
唤不起人们的激情？
伟大庄严的赞歌传入耳中，
为什么我们听不懂？
这么多朝觐者吟唱的赞歌

为什么激发不起希望之情？
进步的旗帜迎风招展，
为什么心儿不跳舞？
霞光已经洒满天空，
为什么还听不到歌声？
我们为什么躺倒，面面相觑？
我们为什么倒下不醒？
人类的大潮歌吟着奔腾
它为世界的欢乐而感到惬意。
请走向光明，走进人们的居室。
走进人们沸腾的生活里，
我们要将自己的心与普天下
人类之心融为一体，
我们要掀起层层波涛，
要让歌常新舞常奇，
把亿万人的声音变成一个声音，
来讲述这世界的故事。
我们的心里必将回荡
人类的幸福、人类的希冀，
亿万句人类的话语
将汇聚成我的歌词，
我们将通过劳作在人们中间
赢得一个位置。
螺号已在孟加拉人的门前响起，
兄弟，我已经听到。

你要弹掉尘土，擦干眼泪，
　脱下乞丐的破衣；
你要换上新装，鼓起勇气，
　把低垂着的头高高昂起。
今天世界的请柬已送到
　你们的手里；
请脱下贫寒的装束，
　抛弃奴隶之食。
当你们站立在大庭广众之中的时候
　你们要面带微笑；
东方旭日的金光
　将洒落在你的头上。
心灵的百瓣莲花将
　冲破束缚绽放，
在人世万物之间将会飘溢
　清晨的阵阵幽香。
奋起吧，孟加拉诗人，
　请用母语赐给垂危者以生命，
世人将怀着对玉液的渴望
　痛饮这种语言的琼浆。
他们望着母亲的面容
　泪珠滚滚——
在母亲的脚下万物生灵
　被这歌声所吸引。
因为世界上已没有空位，

原文

孟加拉的土地才满面泪痕；
诗人在人世吟唱赞歌，
请你为孟加拉争得席位。
诗人啊，这一次请用母语
吟唱世界歌曲，
愿所有世人皆为兄弟，
欺诈凌辱将消声灭迹。

（董友忱　译）

赏析

这是收于《刚与柔集》中的一首政治抒情诗。

十九世纪末叶的孟加拉，处于殖民主义和封建主义的双重枷锁之中，政治上四分五裂，宗教派别斗争激烈，经济上萧条凋敝，人们固步自封，虚伪成性，懒惰成癖。在整个孟加拉社会的死一般沉寂中，也有少数有识之士开始觉醒。从欧洲归来的泰戈尔，更为敏锐和清晰地听到了时代进步的鼓点，看到了人类和平的曙光，内心澎湃着唤醒孟加拉人民反抗殖民统治、变革印度社会、参与人类进步的激情。《呼唤之歌》就是在这样的背景下写成的。

对孟加拉诗人责任和使命的热切呼唤，是贯穿全诗的主旋律；爱国主义和世界主义，则是全诗的两大表现内容。诗中，泰戈尔将“孟加拉诗人”作为呼唤的对象，但实际上可以理解为呼唤全体孟加拉知识分子。

泰戈尔认为，作为孟加拉诗人，应有深沉的责任意识和崇高的使命感。他们是战士，应该为消除人类间的恐怖、痛苦、悲愁而英勇战斗；应成为参与修筑堤坝的普通一员，以拦截人类间无休止的痛苦和争斗；应当承继人类祖先的光辉业绩，去无畏地追求理想和真理；应当贴近民众，歌颂光明，融于全人类，代人类立言，书写人类的幸福和希望；应当担当起拯救孟加拉母亲并使其傲然屹立于世界的重任；应当唤醒人类的兄弟意识，使他们在爱的感召下和谐相处。然而，现实中的孟加拉诗人，却没有起码的责任意识与使命感，他们整日“窃窃私语，疑虑重重”，“羞愧”、“惊恐”，犹如懦弱、懒惰的“幼虫”，他们漠视孟加拉的死寂，忘却了孟加拉和整个人类先驱的光荣，麻木于时代的进步和人类的觉醒……在这里，诗人一连用了九个“为什么”来铺排自己的激愤！

全诗处处喷涌着深挚而热烈的民族情感。面对孟加拉社会的死寂，诗人的心情无比哀痛悲戚，在他的眼里，恒河在哀默地奔涌，日月的交替也没有了意义。他大声召唤，孟加拉诗人啊，要弹掉尘土、擦干眼泪、脱下丐衣、换上新装、鼓起勇气、把头昂起，脱下贫寒的装束、抛弃奴隶之食，面带微笑屹立在世界民族之林，要摒弃殖民者强加的异族语言，用美如玉液、甘似琼浆的母语去吟唱写给孟加拉和世界人民的歌曲……要用民族自信与自尊来为孟加拉母亲在世界舞台上赢得位置！

但诗人不是狭隘的民族主义者，诗中同样袒露出他博大的世界主义情怀。他为人类相互之间的隔阂、仇恨和争斗而痛心，为人欲的无限膨胀和短视于一己之私而忧戚（“他们不相信别的什么东西，/只晓得自己伟大壮丽。/他们自己在预测着自己的运气，/一直在收集泥土”），也为人类祖先所开创的壮丽业绩和追求真理的英勇而自豪，为人类的进步、幸福和希冀而欣喜……在诗人“愿所有世人皆为兄弟”的振臂一呼中，我们是否也听到了华夏古儒“四海之内，皆兄弟也”和波斯诗哲“亚当子孙皆兄弟”的悠远回音？

（王汝良）

出　生

孩子对妈妈提问题：
“我是哪儿来的——
你是从哪儿把我捡来的？”
妈妈把孩子搂在怀里，
笑着回答，眼含泪水，
“你是我的希望，藏在我的心里。

你在我玩偶的游戏里，
早晨膜拜湿婆神之时，
我把你捏成，又把你捏碎。
肩挨着肩，你和我的神像
坐在神龛里的座位上，
我膜拜神，也膜拜你。

你曾经在我恒久的希冀
和我全部纯真的爱情里，
你曾生活在我母亲、祖母的胸怀——
我们家这幢旧楼的
慈祥女神的暖怀里，
不知你隐藏了几个朝代。

当青春之花在
我的心田盛开，

你消融在馥郁的花香里，
　悄悄地附于
　我丰润的身体，
扩展你的柔软和细腻。

　你是众神的宠儿，
　你是常新的过去，
你是晨光的孪生兄弟——
　你从世界之梦的
　欢乐之河上漂来，
以新的面貌出现在我的怀里。

　目不转睛地看着你，
　我猜不透你的奥秘，
属于大家的你怎么成了我的。
　你亲这个人，亲那个人，
　最后以我孩子的身份
笑嘻嘻地出现在人世。

　我害怕失掉你，
　把你紧抱在怀里，
你走开一步，我急得落泪。
　我不知道靠什么法术
　将你这世界的财富
永远搂在我柔弱的臂弯里。”

（白开元　译）

赏析

本诗选自《儿童集》。该诗集发表于1903年，是泰戈尔著名的儿童诗集，共收诗五十首。这些诗歌写作的时间正是诗人遭受巨大痛苦的时期。妻子去世不久，他要照看五个孩子。他不得不隐藏住自己的痛苦和悲哀，和孩子们游戏，注意倾听孩子们的谈话，从他们小小的话题中汲取乐趣。诗人用儿童的眼睛去观察，用儿童的心理去想象，用儿童的心灵去感受，写出了一批表现童心之美的诗，描写儿童天真无邪的诗，赞美母子亲情挚爱的诗，反映儿童奇思妙想的诗，揭示和创造了一个童心世界。1913年，诗人将其中的大部分和新创作的几首类似题材和主题的诗，译成英文，以《新月集》为题出版。我国杰出诗人郭沫若年轻时读了其中的几首诗后成为泰戈尔的崇拜者，他说："那清新和平易径直使我吃惊，使我一跃便年青了二十年。"（郭沫若《我的作诗经过》）他认为这些诗歌的特点"第一是诗的容易懂，第二是诗的散文式，第三是诗的清新隽永"（郭沫若《太戈尔来华的我见》）。《新月集》的译者郑振铎先生认为，《新月集》与安徒生的童话一样，具有不可测的魔力，"它把我们从怀疑、贪婪的罪恶世界，带到秀嫩天真的儿童的新月之国里去"（郑振铎《〈新月集〉译序》）。总之，这些诗歌充分体现了诗人儿童文学创作的特点，他不仅对儿童心理有深刻的理解，而且视童心为神圣，化童心为至美。

《出生》是《儿童集》中的第二首诗。作品一开始，孩子向妈妈询问自己的来历，这几乎是每个做母亲的人都遇到过的问题。这个问题既简单又复杂，简单得连没有知识的人都能回答，复杂得连学富五车的学者也说不清楚。因为孩子与妈妈的关系绝不仅仅是一个生理问题，这里有人类世代积淀下来的文明—文化因素。所以对这个问题的回答就不仅有生理学的因素，还有心理学的、哲学的、宗教的因素等等。不同的回答体现了不同的文化修养和文化传统。这首诗中妈妈的回答便蕴藉了丰富的文化内涵。

首先,母爱已经在人类的集体无意识中积淀下来,成为人性的组成部分,或者说是人性的主要内容之一。诗中的妈妈说"你是我的希望,藏在我的心里","你在我玩偶的游戏里",就体现了这样一种人类天性。

其次,已经成为天性的母爱,在每个要做母亲的女性身上,都要重新演化一次,成为亘古常新的主题。因此诗中的母亲说孩子是她作为女孩子时心花中散发的花香,是她少女时代青春肢体上开出的花朵。

再次,母爱除了是人类的天性之外,其中还有民族文化的基因。本诗中有两个方面的内容与印度文化传统有关。一个是对孩子的"崇拜"。印度古代文学中有对大神化身之一——黑天童年生活的表现,作家常常以崇拜的态度来描写儿童黑天。诗人泰戈尔也曾说:"在我们的孩子身上,他(神)一次又一次再生,那不朽的孩子。"(泰戈尔《人格》)本诗中的诗句"肩挨着肩,你和我的神像/坐在神龛里的座位上,/我膜拜神,也膜拜你"就是这种传统的体现。另一个是关于生命轮回的观念,世界生命的本体与自我生命的个体统一的观念,诗句"你从世界之梦的/欢乐之河上漂来,/以新的面貌出现在我的怀里",表现的就是这样的观念。当然,不同的民族文化传统只是丰富了母爱的内容,母爱的本质是不会改变的,这种本质使母爱在人类中具有普遍性,因此,这样的表现母爱主题的诗歌能够获得普遍的共鸣。

(侯传文)

海滨聚会①

孩子们在无边的世界的海滨聚会。
头上是静止的无垠的天空,

不宁的海浪奔腾喧闹。
在无边的世界的海滨，
孩子们欢呼跳跃地聚会着。

他们用沙子盖起房屋，
用空贝壳做游戏。
他们把枯叶编成小船，
微笑着让它们漂浮在深远的海上。
孩子在世界的海滨做着游戏。

他们不会凫水，他们也不会撒网。
采珠的人潜水寻珠，商人们奔波航行，
孩子们收集了石子却又把它们丢弃了。
他们不搜寻宝藏，他们也不会撒网。

大海涌起了喧笑，海岸闪烁着苍白的微笑。
致人死命的波涛，
像一个母亲在摇着婴儿的摇篮一样，
对孩子们唱着无意义的歌谣。
大海在同孩子们游戏，
海岸闪烁着苍白的微笑。

孩子们在无边的世界的海滨聚会。
风暴在无路的天空中飘游，
船舶在无轨的海上破碎，
死亡在猖狂，孩子们却在游戏。
在无边的世界的海滨，

孩子们在举行盛大的聚会。

（冰　心　译）

注释：

① 此诗为《吉檀迦利》的第六十首，标题为编者所加。

赏析

这首诗是泰戈尔自己翻译成英文的诗集《吉檀迦利》的第六十首，原来只有编号，没有标题，现题为编者所加。该诗又见于英文诗集《新月集》，郑振铎译为《海边》。泰戈尔在将自己的诗译为英语时是精心挑选的，而在几乎同时的两部选集中都选了这首诗，可见诗人对它是非常重视和喜爱的。在《泰戈尔全集》中，该诗编入《儿童集》，放在卷首，题为《海滩上》。

本诗的内容主要是儿童自由自在的游戏与成人追名逐利的劳作之间的对比。在同一个背景下面，有两个不同的场景。一个场景是孩子们的游戏，他们用沙子盖屋，把枯叶编成小船，收集了石子又丢弃，毫无功利之心；另一个场景是一些成年人，有的撒网捕鱼，有的潜水采珠，有的在海上航行经商，其行为都是为了获取功利。风暴来临，船舶破碎，逐利者葬身大海，而孩子们仍然自由自在地游戏。

《吉檀迦利》是给神的"献歌"，这首诗在《吉檀迦利》中显得比较独特，神没有出场，"我"也没有在场，似乎游离于"献歌"的主题之外。这是一首泰戈尔式的儿童诗，是写给成人看的，表现不同于成人世界的儿童世界和童心之美的诗。然而诗人既然将其收入《吉檀迦利》，说明该诗还是与神有关的，而且神是在场的。泰戈尔常常将无功利的自由游戏看作是神的行为，认为儿童"在人的世界里模仿着神明世界的游戏。我们的经典一直把儿童的游戏与上帝的活动相比较，两种都有着相似的自由欢乐"（泰戈尔

《儿歌》)。本诗中孩子们自由自在的游戏本身就是神的存在的一个表现。神的在场的另一个表现是对两种行为的不同态度。孩子们自由自在的游戏受到神的保护,在海涛和风暴面前安然无恙;相反,那些追名逐利者遭到神的厌恶和惩罚。当然,这与其说是神的态度,不如说是诗人自己的好恶。儿童自由自在的游戏与成人追名逐利的劳作之间的对比,不仅是自我主体行为的不同表现,也是对待自然的不同态度的对比,表现了诗人生态主义的自然观:热爱自然,以自然为伴,而不是利用甚至掠夺自然。

从艺术表现来看,诗中的景象既是现实的,又是虚幻的;其表现手法既是写实的,又是象征的。这是泰戈尔诗歌的主要艺术特点之一。

(侯传文)

生命之神

哦,最贴心的,
走进我心里,你的饥渴
可曾消释?
千万条忧喜的泉水
斟进了你擎着的杯,
我的胸像踩瘪的葡萄,
受着狠毒的压挤。
繁富的色彩、香气,
繁富的音调、旋律,
全部叠铺在你的
洞房花榻上。
你粉颈上欲望的金链

是由我日日串编，
根据你瞬息万变的情趣
　　改换着式样。

哦，生命之神，你对我
　　寄予什么希望？
对我器重？对我偏爱？
我的曙光，我的暮霭，
我的游乐，我的工作，
　　在你清静的高堂？
春天，雨天，秋天，冬天，
你能够清晰地听见
我的心曲，端坐在
　　华美的御座上？
你采我的心花串编
戴在颈上的花环，
可曾步入我心田的
　　青春之林游逛？

你发现我心房里存着什么，
　　我的情人？
你能够宽宥我的缺点、
　　我的沉沦？
朝不侍奉，暮不祭祀，
神啊，你一再忿然离去——
献祭的鲜花枯落在

凄清的空林。
这把琴弹的音乐，
越来越低，越来越弱，
哦，诗神，你容我
唱你的歌曲？
浇灌你栽的花卉，
树荫下沉沉慵睡——
夕阳西下，归来噙着
懊丧的泪水。

哦，生命之神
我的一切——
仪容，灵魂，睡眠，知觉，
浩歌，俱已灭绝？
臂膀松软，下垂，
狂吻不令人心醉——
生活的密林里朝晖
驱逐了幽会的良夜？
终止今日的聚会吧，
赐予新的容貌和风华，
陈旧、落伍了的我，
请再度接受——
让我再结良缘，手腕系
一条新生的红绸。

1896 年

（白开元　译）

赏析

这首诗选自诗集《吉德拉星集》(又译《缤纷集》),后来诗人将其译成英文,收入《诗选》,篇幅大大压缩。《吉德拉星集》出版于1896年,初版收诗四十首,编入全集时有四首诗调入其他诗集。该诗集是诗人创作走向成熟的一部重要作品,与前期作品相比,诗人一方面进一步贴近现实,另一方面,神秘主义倾向也有所发展。正如诗人在诗集的序言中所说:“我感受到的双重存在,像重叠的星体,包含在我的个性之中,具有很强的吸引力。它的决心,通过我、我的苦乐和我的正确、错误,得以实现。”

《生命之神》是一首表达诗人自己的神秘感受的诗,一般人难以理解。有一次泰戈尔对黛维夫人谈论自己这首《生命之神》,回忆自己的创作灵感和创作过程,创作感受和体验。他说全诗出自这样一个深沉的认识:诗人自己是神所创作的一个作品,他的所有忧愁和欢笑、工作和游戏,都和这个创造活动有关。他似乎是站在远处进行自我观照,发现自己正在被那个创造者所制作,那种制作的活动,那种创造,是一个艺术家的艺术品。“于是我问了再问——‘你满足了吗?’这就是我对我的生命之神提出的问题。‘你想在我身上创造的东西,已经完成了吗?你想奏的音乐奏出了没有?你对你的作品满意吗?在我的生命中你的一切努力都满足了吗?’这不是修辞学,这是一种真实而深沉的感情——‘啊,我生命之主!你满意了吗?’可是我怎样去解释那种感受呢?”(梅特丽耶·黛维《家庭中的泰戈尔》)诗人饱含深情的回忆和谈论,有助于我们理解和解读这首诗歌。

本诗共有四节。第一节的开头两行是一个问句,比较令人费解,结合

赏析

上述诗人自己的回忆和谈论，我们知道他是在向生命之神发问：是否满意？是否满足？这里以“饥渴消释”代替“满足”，是诗歌的含蓄表达方式。接下来写诗人将生命的泉水斟入神的杯子，也就顺理成章了。下面一句，“我的胸像踩瘪的葡萄，受着狠毒的压挤”比较令人费解，可能是表现诗人自己的紧张情绪，因为接下来，色彩、香气、音调、旋律叠铺在洞房花榻上，是写诗人和生命之神的相会，似乎是一对情人要举行婚礼。结合开头“最贴心的”的称呼，说明诗人和他的生命之神是情人关系，这是印度诗歌传统的表现方式。特别是印度教毗湿奴教派的抒情诗人，常常以爱颂神。在这一节诗中，诗人自我和生命之神的结合，意味着诗人生命的完成。人神结合是印度传统诗歌常见的意象，大多表现人的最终归宿，或者说是生命结束的象征。这里泰戈尔用这一意象表现一个生命的完成，结合本诗最后的“再结良缘”，也有结束旧我开始新生的意思。本节最后三行是一个诗句，诗人根据神的情趣日日串编“欲望的金链”，也就是说他想要尽量满足神的愿望，使自己的人生圆满完美。

第二节，诗人进一步对生命之神发问：“你对我寄予什么希望?”他问生命之神，是否听到他的心曲？是否进入他的心田？他的游戏和工作，都是在神的“清静的高堂”，因而都与神的创造活动相关联。诗人问了再问，发问的方式和具体问题虽然是不断变换的，但都指向那个根本的问题：“你满意吗?”诗中用“我的曙光，我的暮霭”来表现日复一日，用“春天，雨天，秋天，冬天”来表现年复一年，说明他每时每刻都在接受着生命之神的塑造与审核。

第三节前两行，诗人问生命之神是否发现并宽宥自己的缺点，说明诗人自己对神的这部“作品”不太满意。第三至第五行作为一个诗句，诗人说，他没有像一般信徒那样每天每夜膜拜神、侍奉神，也没有像一般信徒那样采集鲜花拿来给神献祭，以至于“献祭的鲜花枯落在凄清的空林”。接下来三行作为一个诗句，诗人认为自己没能满足神的愿望，没有唱好神的歌曲。泰戈尔常常以神的歌手自居，认为神创造诗人是为了让他歌唱，神是通过诗人这根“琴弦”奏出美妙的音乐。这一思想在《飞鸟集》第314首中有更明确的表现：“主呀，当我的生之琴弦都已调得谐和时，你的手的一弹一奏，都可以发出爱的乐声来。”但是在这里，诗人却有些懊丧，感到自己这把琴的音调“越来越低，越来越弱”，难以演唱神的歌曲。最后三行为一个诗句，诗人自比园丁。在《吉德拉星集》这部诗集中有一首诗《请求》（即《园丁集》第1首），诗人用了类似的意象，表现得更为明确和细腻：一个仆人要求做女王花园里的园丁，其职责是“保持你晨兴散步的草径清爽新鲜，你每一移步将有甘于就死的繁花以赞颂来欢迎你的双足”。在本诗中，诗人感觉神创造他是为了让他侍奉花园，但他“树荫下沉沉慵睡”，忘了浇灌花木，没能尽到责任，因而感到懊丧。

第四节前五行两个诗句，诗人怀疑自己已经不能满足神的愿望，因为自己从仪容到精神都萎靡不振，致使“生活的密林里朝晖驱逐了幽会的良夜”。这里还是继续用情人关系表现人神关系，诗人与他的生命之神幽会的“终结”，意味着生命的结束。但面对死亡，诗人并不悲哀，因为生命循环不已，只有抛弃旧的，才会产生新的。因此诗人吁求：“终止了今日的聚会吧，/赐予新的容貌和风华！”这表示诗人渴望新生。最后，诗人请求神再接受自己，希望与生命之神“再结良缘”，也就是开始新的生命。在这里，诗人渴望尽弃故我的人格升华，像凤凰涅槃一样，通过死亡获得新生，使自己更加完美，使创造者的意志得到更好的体现。

（侯传文）

同　情

妈妈，假如我不是你的儿子，
　　而是一只小狗，
嘴伸到你的碗里吃饭，
　　你会不会打我？
妈妈，你说真话，
　　不要哄我——
你也许会说："去，去，去，
　　哪来的讨厌的小狗！"
妈妈，你走，你走吧，
　　把我从怀里扔下地，
我不要你喂，以后
　　你碗里的饭我一口不吃。

妈妈，假如我不是你的儿子，
　　而是你养的鹦鹉，
你担心我展翅高飞。
　　用链子把我锁住？
妈妈，你说真话，
　　不要哄我——
你也许会说："鸟儿心野了，
　　想咬断链子逃走吗？"
妈妈，放下我，你放下我，
　　别再对我娇惯，

我要飞进森林广阔的胸怀，

不再待在你的身边。

（白开元　译）

赏析

从什么时候开始，我们面对身边那一座座拔地而起的高楼大厦，面对那一辆辆轰鸣不止的现代机械无奈地摇头？从什么时候开始，我们厌倦了闹市中那一个个来去匆匆的身影，那一张张风尘仆仆的脸？——夜深了，避开这一切，到诗人为我们营造的童心世界里歇息一会吧。

且看这首《同情》。

一个天真无邪的孩子，把自己想象为一只把嘴伸到妈妈碗里讨饭吃的小狗，一只被妈妈用链子紧紧锁住的鹦鹉，与妈妈对话，问她是否还会像疼爱自己一样疼爱它们。在得到令自己失望的回答后，便“威胁”妈妈，自己要挣脱她的怀抱，从今以后再不吃她喂的饭，再也不待在她的身边了。——这是生活中多么熟悉而生动的一幕，读到这里，谁不会有会心地微笑呢？

是啊，童心是世上最透明的珠，透明得不染一丝纤尘。在孩子澄澈的童心世界里，没有什么等级观念，不讲究地位高低，不在乎金钱多少，没有功利世界的纷纷扰扰，没有成人世界的瞻前顾后。他不理解妈妈为什么要对一只讨口饭吃的小狗那么严厉，不理解妈妈为什么要将那么可爱的小鹦鹉用冰硬的铁链紧锁，他不知道妈妈只愿将她的爱给予他自己，甚至于，他也不知道，妈妈并不晓得那只小狗、那只小鹦鹉就是他亲爱的儿子，否则，妈妈才不舍得这样对待它们呢。

童心是世上最温润的玉，还有什么比它更能够触动我们内心深处最柔软的部分呢？在孩子善良的眸子里，这世上的一切，会动的，不会动的，都是有妈妈的，都和他一样，喜欢把小小的身子蜷缩在妈妈温暖的怀里，渴望在妈妈面前撒娇，渴望得到妈妈的爱。所以，他不能接受妈妈用带有侮辱性的言语、粗鲁的动作、居高临下的态度对待小狗、小鹦鹉，他无比同情它们的“遭遇”，于是以“你碗里的饭我一口不吃”、“不再待在你的身边”向妈妈作出“抗议”甚至“胁迫”，他多么希望妈妈像爱自己一样爱它们啊！

童心是世上最朴拙的诗，只有这样的诗才能给我们原汁原味的美的享受。孩子认识和接受事物是最为直观的，在孩子的思维世界里，他与身边的其他事物没有清晰的界限，他不仅可以是自己，也可以轻而易举地将自己变成他想象中的任何东西，哪怕一草一木，一鱼一鸟。所以，在用童心写就的诗里，我们看不到“人定胜天”这样的口号，听不到“宇宙的精华，万物的灵长”这样的说教，只读到一个稚气未脱的小孩子对弱小动物的亲切同情，读到孩子天真未凿的纯净的心灵，读到来自人类童年时代的天真与烂漫。是啊，不事雕琢、自然天成是一切艺术美的极致，还有什么比这更为圣洁、更为美丽呢？

就这样，诗人带我们找到了至真、至善、至美的生命本原——童心。诗中的“同情”，既是诗人童年记忆的唤醒，也是他受到印度文化传统中“众生平等”思想浸润的结果，这与儒家“民胞物与”和道家“万物齐一”的观点多么相似，可惜现代人已经忘记这些了。从这个意义上说，诗中那个天真无邪、对弱小生物富有同情心的小孩子，永远是我们的老师，因为，得爱于万物并施之于万物，方体现爱的博大与深沉。

好了，不要再让太多的抽象探讨折磨我们的心灵了，就给我们失却已久的童心，留一份本真与宁静吧。

（王汝良）

布谷鸟的叫声

在炎热中午的炽烤下气浪的顶层
　　犹如喷出的火焰在田野上抖动，
干渴的大地仿佛伸出舔噬食物的长舌
　　向四面八方寻找消渴的路径。
一排排树荫连成一片，三四株小树伫立不动，
　　乳黄色的幼芽显得娇嫩晶莹，
稠密的尼姆树冠缀满了一簇簇花朵，
　　　芒果树上的累累果实色如黄铜。
圆球状的羌芭花儿散发着阵阵幽香，
　　芬芳之浪从树林中涌进了小窗；
失去阴影的柽柳叹息而感伤，
　　在默默地向天空遥望。
只有那远处的田野在阳光下升腾着热浪，
　　弯弯曲曲的道路燥热非常；
在路旁那片小树林里和风习习，
　　花香浓郁，绿荫凉爽。
绿荫下的那座茅屋就像鸟一样
　　向两侧伸展着翅膀，
茅屋下人们一起怀着喜悦和悲伤，
　　白天在劳作奔忙。
在毫无睡意的炎热而漫长的白日，
　　布谷鸟在某处唱着“布谷”之歌。

这古老的曲调——大自然的心曲
　　　　徐徐传入人类的茅舍。

两姐妹坐在院落里舂着麦子，
　　　　不知疲倦地哼着小曲。
大树下有一眼井，在井边打水的是位少女，
　　　　由于燥热她那张脸显得憔悴。
远处有一条河流，河中是沙洲，
　　　　农夫坐在高台上把庄稼护守。
牧童们聚在一起唱歌跳舞追逐嬉戏，
　　　　一只小船向远处驶去。
多少劳作和戏耍，多少次人们相聚，
　　　　福乐忧患永远不会休止：
这中间有杜鹃的鸣啼，声音单调而悲凄，
　　　　这啼叫从何处传到这里。
整个世界都已沉睡，有多少无调的
　　　　破碎的噪声混杂在一起，
落在这噪声上面的是一种玉液般的旋律，
　　　　犹如盛开的鲜花散发出的香气。
这么多的世事，这么多的混乱，
　　　　这奇妙的声音就在生活的谬误里，
然而在这片久远的森林僻静处
　　　　布谷鸟的鸣叫高亢而有力。
仿佛有谁坐在宇宙的胸前，
　　　　仿佛那是位朴实的美女，

仿佛就是这个娇媚的萨罗莎蒂[①]
　　在用七弦琴弹奏动人的心曲。
嘈杂的喧嚣声不论在白天还是在深夜
　　都给她那娇嫩的耳朵带来苦涩，
她想用复杂的琴音编织出
　　优美的朴实之歌。
所以它才久久地不知疲倦地啼鸣，
　　发出“布谷”“布谷”的凄惨叫声，
歌声中有痛苦，其中也夹杂着
　　祈求的怜悯。

有人坐在屋里，有人出去劳动，
　　有人不予理睬，有人在倾听，
然而这种叫声借助何种魔力才能
　　常驻世界人民的心中！
可是世世代代人类生活的各个阶段
　　在这种歌声中都变得柔弱多情。
布谷鸟的亿万声啼鸣将自己的心声
　　汇集在生灵的生命史中。
在僻静的乡村在充满痛苦欢乐的节日里，
　　也会响起嘹亮的歌声，
在鸟族之歌和人类之歌中都以甘甜的
　　歌喉抒发着爱恋之情。
在八月十五月圆之日孩子们望着天宇，
　　他们的父母微笑着围坐在一起，

原文

“布谷”“布谷”的叫声随着习习南风，
　　从远处的林缘飘到这里。
俱舍和罗婆[②]两个孩子回到绿荫覆盖的河边，
　　悉多见了又悲又喜。
在浓密的芒果树冠里杜鹃不时地鸣啼，
　　“布谷”“布谷”的叫声飘洒着悲凄。
在净修林的藤亭中在那无人之地
　　沙恭达罗[③]与豆扇陀在一起显得羞怩，
当时这种“布谷”之语更甜蜜地抒发了
　　这位美女的爱恋情意。
在宁静的中午我在追忆过去之时
　　听到了布谷鸟激动的鸣啼——
博大的人类心灵就存在我的心里，
　　我战胜了时间和空间的距离。
过去的欢乐和痛苦，住在远处的亲人面孔，
　　童年梦中所听到的歌曲，
由于“布谷”咒语的魔力一一浮现在脑海里，
　　仿佛赢得了新的生命力。

1888 年 5 月作于卡吉普尔

1888 年 10 月修改于圣蒂尼克坦

（董友忱　译）

注释：

① 萨罗莎蒂，文艺女神，大梵天的妻子。她皮肤白皙，常坐在莲花宝座上；她有四只手，两只手在抚七弦琴，另外两只手分别持念珠和《吠陀》经书。

② 俱舍和罗婆，印度大史诗《罗摩衍那》中的人物，罗摩的妻子悉多在蚁垤仙

人的净修林里生的双胞胎。在罗摩举行马祭时，蚁垤仙人让他们兄弟俩去罗摩的都城唱颂《罗摩衍那》，罗摩听了才知道他们俩是自己的儿子并得知悉多的下落。

③ 沙恭达罗，印度古典名剧《沙恭达罗》的女主人公。她与豆扇陀国王在净修林中相识，彼此相爱，结成鸾俦，几经波折，亦然相爱如初。

赏析

《布谷鸟的叫声》选自《心声集》，这是一部诗人创作风格趋于成熟、奠定诗人声誉的诗集，后期创作经常出现的神秘主义倾向也开始在该诗集中模糊显现。《心声集》中有不少佳作，本诗就是其中之一。

全诗共分三部分。第一部分是对自然景物的静态描摹。升腾着热浪的田野，弯弯曲曲的道路，干渴的大地，树冠缀满花朵的尼姆树，结满果实的芒果树，散发着阵阵幽香的羌芭花儿，绿荫下的茅舍……大量自然意象叠加的背后，涌动着一股既燥热又清新、既喜悦又悲伤的情绪的暗流。这时，那历久弥新的布谷之歌，徐徐传来。哦，原来，这股情绪的暗流就是布谷鸟的叫声带来的，它弥漫在乡野，附着于花果，如凉风驱走炎热，似甘露消除干渴。它本身就是大自然的作品，从远古一直鸣唱到现在，又从自然进入人们的生活。

第二部分则是对人们生活的动感描述。两姐妹正哼着小曲舂麦，少女在井边打水，农夫在看护庄稼，牧童在唱歌跳舞追逐嬉戏，有人驾船向远处驶去……在这既生动又单调的世俗生活之中，人们或劳动或游戏，或相聚或别离，每天都演绎着福乐与忧患交相编织的故事，但也难免有世事的混乱和生活的谬误破坏这整体的和谐，难免有破碎的噪声和嘈杂的喧嚣侵扰这生活的宁静。这时，布谷鸟的叫声又出现了，它那“玉液般的旋律，/犹如盛开的鲜花散发出香气”（通感），它那“奇妙的声音”，讴歌美好与生动，驱走混乱与谬误，涤净噪声和喧嚣，维护着人类生活的和谐与宁静。这单调而悲凄、高亢而有力的啼鸣，仿佛娇媚的文艺女神用七弦琴弹奏出的动人的心曲，纵有痛苦与哀怜，却也是她编织出的优美的朴实之歌。

第三部分，诗人在追索，这布谷鸟的叫声究竟靠何种魔力世世代代常驻人们的心中。原来，它是“将自己的心声，/汇集在生灵的生命史中”，它“在鸟族之歌和人类之歌中，都以甘甜的/歌喉抒发着爱恋之情”。听，它温馨地鸣唱亲人间的天伦之乐，悲凄地鸣啼母子间重逢的悲喜，甜蜜地抒发情人的爱恋情意……而对于“我”，对于诗人的魔力又在哪里？——它那激动的鸣啼，唤醒“我”对逝去岁月的追忆，并赐予“我”新的生命力。

全诗结构分明，层层递进，随着品味的深入，初读时的单调和神秘的色彩渐渐褪去，诗人所要表达的意绪也渐趋清晰。从自然万物到世俗生活，从人类普遍的心灵情感，到作为个体的“我”的独特感受，处处都有布谷鸟的叫声这一意象在跃动。细读全诗，可将这布谷鸟的啼叫，视为诗人心声的寄寓和表达，那就是，诗人渴望自己也像这布谷鸟的叫声一样，歌唱自然、世俗与心灵，将自身融于自然与世俗的广阔天地，将自我情感融于人类心灵，将有限人格化为不朽生命。所以，“博大的人类心灵就存在我的心里，/我战胜了时间和空间的距离”。的确，追求人格的自我完善，在有限中证悟和表现无限，始终是泰戈尔思想和创作的中心主题。

诗人在诗中借用文艺女神这一意象，也是富有深意的。文艺女神用七弦琴弹奏出动人的心曲，来驱赶世俗的嘈杂和喧嚣，是用来表明，文艺并非纯粹是象牙塔里的制作，它有着自己特定的社会功能，对现实有着一定的纠偏作用。当人们困惑于理想与现实的矛盾时，可以暂时从艺术中寻找自己静谧安详、唯真唯美的“理想国”，但这样做的目的不是消沉和回避，而是借助优秀的文艺作品来净化心灵、激起勇气、树立信心后再投入战斗，就像一个身心俱疲的行者进入一片纯静安逸的净修林，补足了给养、安定了身心之后再踏上漫漫旅程。这无疑是诗人文艺观的一种表露。

（王汝良）

小说

Rabindranath Tagore

河边台阶的诉说

如果把发生的事情都印在石头上，那么，你就可以在我的每一个台阶上读到许多昔日的故事。你如果想听过去的故事，那就请你坐到我的台阶上来；只要你侧耳细听这潺潺的流水，你就可以听到过去无数动人的故事。

我现在还记得从前发生的一个故事。那天也像今天这样。只剩下三四天就该到了[①]。

清晨，凉爽而清新的和风，为刚刚苏醒的机体带来了新的生机。娇嫩的树叶在轻轻地拂动。

恒河涨满了水。只有四个台阶露出水面。河水和陆地仿佛结下了亲密的友谊。在芒果林下边的河滩上，生长着一片海芋，恒河的水已经漫到了那里。在河湾处有三堆破旧的砖头，已被水包围。系在岸边合欢树上的渔船，随着早晨的潮水漂浮、动荡——充满青春活力的顽皮的潮水，在嬉戏，在击打着渔船的两舷，犹如揪住小船的鼻子，开着甜蜜的玩笑。

秋日的晨光照耀着涨满水的恒河，它的颜色犹如纯金和强巴花一样橙黄。太阳的这种光色，我还从来没有见过。阳光还映照着浅滩和芦苇荡。现在，芦花刚刚绽蕾，还没有全部开放。

船夫们念颂着“罗摩、罗摩”，解缆开船了。小船扬起小小的风帆，迎着阳光起航，就好像鸟儿在阳光下欢快地展翅飞向蓝天。可以把这些小船比作鸟类：它们犹如天鹅一样在水中遨游，但是翅膀却在空中欢快地翱翔。

婆达恰尔久先生，总是按时提着铜罐来洗澡，有几个姑娘也到河边来汲水。

这是一个不久前发生的故事。你们可能觉得很久了，但是我却觉得这是前几天才发生的事。长期来，我总是在静静地注视着我的日月怎样驾驭着恒河的激流戏闹而去，所以我就感觉不到时间过得太漫长。我那白天的光明和夜晚的阴影，每天都投落在恒河上，而且每天又都从恒河上消逝，什么地方都没有留下它们的影像。因此，尽管看上去我像个老人，我的心却永远年轻。在我多年来的记忆上虽然覆盖上了一层水草，但它的光辉并没有消亡。偶尔漂来一根折断的水草，沾在我的心上，然后又被波涛卷去。所以我不能说，我这里一无所有。在恒河的波涛触不到的地方，在我的一些缝隙里，长满了蔓藤水草，它们是我过去年代的见证人；它们温柔地保护着过去的年代，使它永远碧绿、优美，永远年轻。恒河一天天从我身边一个台阶一个台阶地退下，而我也一个台阶一个台阶地变得衰老了。

丘克罗波尔迪家里的那位老太太，洗过澡，披着纳玛波丽[②]，捻着串珠，颤抖着正在赶回家去。那时候她的姥姥还在幼年。我记得，她喜欢每天到河边来玩耍，把一片芦荟的叶子抛向恒河，让它随着流水漂去；在我的右手附近，有一个漩涡，那片芦荟叶子漂到那里，就不停地打起转来，小姑娘放下水罐，站在那儿瞧着它。过了一些日子，我看到那个小姑娘已经长大，并且带着她自己的女儿来汲水；而她的女儿又长成了大人；当她的女儿们在顽皮地互相泼水的时候，她就制止她们，并且教育她们应当互相尊重。每当我看到这一切，我就想起了那漂浮的一叶芦荟之舟，并且感到很有趣味。

我认为，我要讲述的这个故事，不会再次发生。每当我在讲述一个故事的时候，另一个故事就会顺流漂来。一个故事发生了，然后又逝去，我无法把它们挽留住。只有一个故事，宛如跌入漩涡的那一片芦荟扁舟，在我的记忆里不停地旋转。这样的一个故事之舟，今天又载着它的负荷，转回到我的身边来了，而且眼看着就要沉没。它就像一片芦叶那样渺小，上面除了载有两朵盛开的小花，再也没有什么了。假如那位心肠慈善的小姑娘看见它在沉没，就一定会长长叹息一声，随即返回家去。

你们看，在寺庙旁边。那是公沙伊家的牛圈，它的外边围绕着栅栏。那里有一棵合欢树。在这棵树下，每周开放一天集市。那时候，公沙伊的一家还没有住在这里。现在他们家祈祷室所在的那个地方，当时只有一个用棕榈树叶搭成的棚子。

现在这里的这棵无花果树已把它的手臂伸进了我的细胞里；它的根部犹如细长坚硬的手指一样，把我那颗破碎的石心拢在一起。那时候它还只是一棵小小的树苗。但是它很快地抬起了缀满娇嫩绿叶的树冠。每当太阳升起来的时候，它那枝叶的阴影就在我的身上整天地戏耍；它那新生的须根，就像婴儿的手指一样，在抚摸着我的胸脯。要是有人摘掉它的一片叶子，我也会感到心疼的。

当时虽然我的年岁已经不小，但是看上去我还相当笔直。今天我的脊柱已经折断，就像圣贤阿什达瓦克罗[③]一样，弯腰驼背了；在许多地方，出现了如同皱纹似的深深的裂缝；在我的腹部的洞穴里，世界上的青蛙都可以栖息、冬眠，但是当时我并不是这副模样。在我的左手附近也没有这两堆碎砖头。在那里的一个洞穴，栖息过一只燕子。每当早晨一醒来，它就舞动着那鱼尾似的双尾，鸣叫着向天空飞去。这时候我就知道，库苏姆该到河边来了。

我现在讲述的这个姑娘，她的同伴们都叫她库苏姆。我觉得库苏姆就是她的名字。当库苏姆纤细的身影映在水中的时候，我就十分希望能把这身影留住，把这身影刻在我的石阶上；这样的身影简直就是一种美景。每当她踏步在我的石阶上,她那四只脚镯就叮当作声,这时候我身边的水草好像也在翩翩起舞。库苏姆并不喜欢过多地玩耍、聊天或戏闹,然而令人惊疑的是,她的女伴并不比别的姑娘少。没有她,顽皮的姑娘们就会感到寂寞。有人管她叫古稀,有人管她叫库什,也有人管她叫拉古稀,而她的妈妈叫她库什米。我常常看见库苏姆坐在河边。她的心仿佛与这河水结下了某种特殊的缘分。她十分热爱这河水。

但是后来我再也没有看到库苏姆。普崩和绍尔诺时常来到河边哭泣。我听说,她们的古稀——库什——拉古稀被接到婆家去了。我还听说,她所去的那个地方没有恒河。那里的人们、房舍、道路、河边的台阶,对她来说都是陌生的,而她就像一株荷花,被人们移植到陆地上了。

我渐渐忘却了库苏姆。一年过去了,到河边台阶上来的姑娘们,已不再更多地谈论库苏姆。一天黄昏,一双久已为我熟悉的脚仿佛突然踏上了我的身躯。我似乎觉得,这是库苏姆的脚。的确是呀,但是我已经听不到脚镯的响声,她的那双脚也没有奏出乐曲。长期来,我总是同时感觉到库苏姆双脚的触摸和她那脚镯的响声——可是,今天却突然听不到她那脚镯的声音。因此,在这黄昏时刻,河水好像在呜咽,风在拂弄着芒果树的枝叶,悲悲楚楚,凄凄切切。

库苏姆成了寡妇。我听说,她的丈夫在外地工作;她和丈夫在一起只生活了一两天,尔后她就再也没有见到她的丈夫。她从一封信里得知,她的丈夫死了,她当时只有八岁。库苏姆擦去头上的朱砂发缝线,摘掉首饰,又回到了恒河边上的家乡。但是,她在这里再也没有见到她的女友。普崩、绍尔诺、奥莫拉都已经出嫁。只有绍罗特还在,但是我听说阿格拉哈扬月她也要结婚。现在只剩下库苏姆一个人了。她把头伏在两个膝盖上,在我的台阶上默默地坐着。我仿佛感到,河里的波涛都一起举出手来,向她呼叫:“古稀——库什——拉古稀!”

原文

库苏姆一天比一天显得更加俊美和充满青春活力，就像雨季开始的时候恒河一天比一天显得更加丰满一样。但是，她那淡素的服装，忧郁的面容和悠闲的表情，给她的青春罩上了一层阴影，使得一般的人看不见她那充满青春的美。仿佛没有人发现库苏姆已经长大，就连我也没有注意。库苏姆在我的心目中永远是个小姑娘。她的脚镯确实没有了，但是每当她行走的时候，我就好像听到了她那脚镯声。就这样，一晃十年过去了，村里人似乎谁也没有发觉她长大了。

那一年的帕德拉月的最后一天，就像你们所看到的今天一样。那一天的早晨，你们的曾祖母们起来后，看到了就像今天这样的温柔的阳光。于是她们披上头巾，提着水罐，经过洒满晨光的草地，经过高低不平的村中土路，谈笑风生地来到我的身旁。那时候，她们怎么也不会想到你们将来会降生。这正如你们也无法想到，你们的祖母们从前也曾经有过娱乐玩耍的日月一样；那时节也和今天一样，到处充满着生机。在她们年轻的心里，也有欢乐和忧伤，有时也会心潮起伏，翻滚激荡。可是在今天这个秋季，她们已经不在了，她们的悲欢已经消逝。像今天这样欢乐的阳光、明媚的秋日美景，她们当然也是想象不到的。

那一天早晨，北风第一次习习地吹来，缀满花朵的槐树将一朵朵花儿抛撒到我的身上。在我的石阶上，凝聚了一串串露珠。就在那天早晨，不知从什么地方来了一位年轻的苦行者。他皮肤白皙，身材细高，容貌俊美；他就在我对面的那座湿婆庙里住了下来。苦行者到来的消息，传遍了全村。姑娘们放下水罐，来到庙里，向这位圣贤致敬。

来的人一天天多起来。这位苦行者仪表堂堂，待人彬彬有礼；他看见孩子，就把他们抱在怀里；母亲们来了，他就询问她们的家务。他在很短的时间内，就赢得了妇女们的尊敬。男人们也经常来他这里。他有时候诵读《薄伽梵书》，有时候宣讲《薄伽梵歌》，有时候坐在庙里，探讨各种经典。有人到他这里来请教，有人来求符咒，有人来探求治病的药方。姑娘们来到河边台阶上，常常议论说："哎呀，他有多美呀！简直就像湿婆大仙亲自下凡，来到了这座庙里。"

每天清晨，在太阳升起之前，苦行者站在恒河的水中，面向启明星，用缓慢深沉的语调进行晨祷。每当这时候，我就听不到河水的絮语。每天听着他那晨祷的声音，恒河东岸的天边就升起红日，殷红的霞光映着朵朵彩云，黑暗就像含苞待放的花蕾的一层外皮，慢慢地绽开，向四面退去；而那鲜花般的红色霞光，一点儿一点儿地染红了天池。我觉得，这个伟大人物立在恒河水中，凝望着东方，在念颂着一种伟大的咒语。随着这咒语的每一个字的涌出，那黑夜巫婆的妖术也就跟着失灵，月亮、星辰就会西坠，太阳就在东方冉冉升起，世界的舞台也就发生了变化。他简直是一位具有魔力的人物！沐浴之后，苦行者拖着他那高高的、犹如祭祀火焰般的、熠熠闪光的、圣洁的身躯，从水里走出来，水珠从他的头发上滴落下来。在晨光照耀下，他的全身都在闪烁着光辉。

就这样，几个月过去了。在杰特拉月，有一天发生了日食；这一天很多人都来到恒河里进行沐浴。合欢树下开设了大集。人们借此机会来这里，也想看一看这位苦行者。从库苏姆家所住的那个村子也来了很多姑娘。

早晨，苦行者坐在我的台阶上，在诵读圣典。一个姑娘看见他后，忽然拍着另一个姑娘的肩膀说："喂，他就是我们村里库苏姆的丈夫。"

这个姑娘用两只手指把面纱微微拉开一道缝，看了一下说："我的天哪！真是他呀！他是我们村里查杜久家里的少爷。"

第三个姑娘没有更多地卖弄自己的面纱，她说："可不是嘛，前额、鼻子、眼睛，一点不差！"

第四个姑娘甚至都没有看他一眼，就一边叹息着把水罐灌满水，一边说道："哎，他不是死了吗？难道他还会复活？库苏姆怎么这样苦命呀！"

当时有的说："他没有这么长的胡子！"

有的说："他没有这么瘦呀！"

有的说："仿佛他也没有这么高。"

就这样，她们没有得出一致的看法，也不可能得出一致的看法。

村里的人都看见了这个苦行者，只有库苏姆没有看见他。因为到这里来的人太多，所以库苏姆就没有到我这里来。一天黄昏，她看到月亮升起来，大概想起了我们旧日的友情。

当时河边台阶上一个人也没有。只有蟋蟀在不停地叫着。庙里的钟锣刚刚敲过，它那最后一声的余波，宛如幽灵，在河对岸的阴暗的树林中回荡，并且渐渐减弱。月光皎洁，潮水呜咽，库苏姆坐在那里，把自己的身影洒在我的身上。微风习习，草木寂寂。在库苏姆的面前，是洒满月光的宽阔的恒河；在库苏姆的背后，在周围的灌木丛中，在花草树木上，在庙宇的阴影里，在残垣断壁上，在池塘的岸边，在棕榈树的林中，黑暗用衣襟遮住自己的头和身，静静地坐着。蝙蝠在七叶树的枝杈上轻轻摇荡，猫头鹰在庙的尖顶上哭泣，从人们的住宅附近，偶尔传来豺狼的几声嗥叫，然后又万籁俱寂。

苦行者从庙里慢慢地走出来。他来到河边，走下几个台阶，看见一个女子单独地坐在那里，于是就想转身离去。就在这时候，库苏姆突然抬起头来，向后望去。

纱丽从她头上滑落下来。她抬起头来，月光照在她的脸上，就像一朵仰首盛开的鲜花映着月光一样。在这一瞬间，两个人的目光相遇了。他们仿佛是在互相辨认，好像他们前生彼此相识。

猫头鹰叫着从头上掠过。库苏姆听到这叫声感到恐惧，但她竭力克制自己。她用纱丽一端蒙住头，站起来，向苦行者行了触脚礼。

苦行者向她祝福，并问道："你叫什么名字？"

库苏姆回答说："我叫库苏姆。"

那一夜，他们再也没有说什么。库苏姆的家离这里不远，她慢慢地向自己的家中走去。那一夜，苦行者在我的台阶上坐了很久。最后，从东方升起的月亮已经西坠，苦行者的背影落到他自己的面前，这时候他才站起来，走进庙里。

从第二天起，我就看到，库苏姆每天都来向这位苦行者行触脚礼。每当他宣讲经典的时候，库苏姆就立在一旁聆听着。苦行者做完晨祷，就把库苏姆叫来，给她讲解有关宗教方面的问题。我不知道她是否全能听懂，但她却聚精会神地坐在那里默默静听。苦行者对她有什么吩咐，她都准确无误地去完成。每天她都到庙里来做事——在敬神方面坚持不懈。她采集鲜花供神，从恒河里汲水来洗刷庙堂。

她坐在我的台阶上，思考着苦行者给她讲述的一切。她的视野仿佛在慢慢地扩展，她的心胸也开阔了。她开始看到了前所未见的东西，开始听到了前所未闻的事情。笼罩在她沉静的脸上的一层忧郁的阴影已经消逝。每天早晨，当她满怀虔敬的心情，向这位苦行者行触脚礼的时候，她就像奉献在神仙面前的一朵被露水洗涤过的鲜花。她的全身都在焕发着一种优美的欢乐之光。

在冬季即将过去的时候，冷风还在劲吹；一天傍晚，忽然从南方吹来了一股春风，天际中的寒意完全消失。在过了很多天之后，村里又响起了竹笛，还可以听到歌声。船夫们驾船顺流而下，他们停下桨，唱起了黑天的赞歌。鸟儿在树枝间跳来跳去，突然欢快地互相呼叫起来。春天就这样降临了。

一接触春风，我这颗石头心也好像一点一点焕发了青春；我的内心充满了这种新的青春激情。仿佛我的蔓藤也开满了花朵。在这段时间,我再没有看到库苏姆。她没有再来庙里,也没到河边来,也没看到她在苦行者的身边。

我不知道出了什么事。过了一些日子,一天傍晚,库苏姆又在我的台阶上和苦行者见面了。

库苏姆低着头,说道:“师尊,是您叫我来的吗?”

“是的,我怎么见不到你?现在你怎么这样不热心敬神?”

库苏姆沉默不语。

“请把你的心事告诉我。”

库苏姆把脸微微偏过去,说道:“师尊,我是个有罪的人,所以我才不敢再像以前那样热心敬神。”

苦行者用十分柔和的语调说:“库苏姆,我知道,你的心里很不平静。”

库苏姆感到十分惊奇。她大概在想:“我真没料到,苦行者会知道我的心事。”她两眼噙着泪水,用纱丽遮住脸,坐在苦行者的脚下痛哭起来。

苦行者离开她一些,说道:“把你的不安都告诉我,我会指给你一条走向安静的路。”

库苏姆用坚定而虔敬的声调述说着,但是有时停顿,有时哽咽。她说:“您既然吩咐,那我就告诉您。不过,我可能说不太清楚,但是我感到,您心里会明白这一切的。师尊,有一个人,我敬重他,崇拜他,如同神灵,我的心里充满了这种崇敬的欢乐。可是一天夜里,我做了一个梦:仿佛梦见他是我心灵的主人。他坐在一个薄古尔树林里,用左手拉着我的右手,向我倾诉爱情。我当时并没感到这是不可能的,也不觉得惊奇。我醒了之后,梦境却深深地印在我的脑子里。第二天,当我看见他的时候,就觉得他已不像以前那个样子。我的心幕上经常出现那次梦境。由于恐惧,我就远远地避开他,可是那个梦境却总是缠着我。从此我的心就再也不得宁静——我的一切都变得暗淡无光。”

当库苏姆一边擦着眼泪,一边讲述这些话的时候,我觉察到,苦行者使劲用他的右脚踩着我的石阶。

库苏姆的话讲完后,苦行者说道:“你应当告诉我,你梦见的那个人是谁。”

库苏姆双手合十地回答道:“这我不能说。”

苦行者说:“为了你的幸福我才问你。他是谁,你要明确地告诉我。”

库苏姆用力擦着自己那双温柔的小手,然后双手合十地问道:“一定要说出他是谁吗?”

苦行者回答道:“是的,一定要告诉我。”

库苏姆立即说道:“师尊,他就是你呀。”

她自己的话传到她自己的耳朵里,她就失去了知觉,倒在我那坚硬的怀里。苦行者犹如一尊石像,呆呆地站在那儿。

库苏姆恢复知觉后,就坐起来,这时苦行者慢悠悠地说:“我吩咐你的一切,你都做了;我还要吩咐你一件事,你也应当做到。我今天就要离开这里,我们不应当再见面了。你应当把我忘记。告诉我,你能做到吗?”库苏姆站起来,望着苦行者的脸,用缓慢的语调说:“师尊,我能做到。”

苦行者说:“那么,我走了。”

库苏姆什么也没说,向他深深地鞠了一躬,抓起他脚上的尘土放在自己的头上。苦行者走了。

库苏姆说:“他吩咐我把他忘记。”说完,她就慢慢地走进恒河的水里。

从小她就生活在这河岸上，在这休息的时候，如果不是这河水伸出手来，把她拉入自己的怀抱，那么还有谁来拉她呢？月亮已经下山，夜一片漆黑。我听到了河水在絮语，可是我一句也听不懂。风在黑暗中呼呼地刮着；为了不让人们看见任何东西，它仿佛想要一口气吹灭天上的星辰似的。

经常在我的怀里玩耍的库苏姆，今天结束了玩耍，离开我的怀抱走了。她到哪里去了，我无法知道。

（孟历）一二九一年加尔迪克月

（1884 年 10～11 月）

（董友忱　译）

注释：

① 阿斯温月：印历的 7 月，跨公历 9、10 月，为三十天。

② 纳玛波丽：一种印有神仙名字的上衣。

③ 阿什达瓦克罗：意为“八道弯”，古代印度传说中的圣贤，迦霍尔之子。当他母亲苏贾达怀着他的时候，他就指出他父亲错诵了吠陀经，父亲一气之下，诅咒他生下有八道弯。因此，他生来脊柱就有八道弯。

赏析

《河边台阶的诉说》是泰戈尔短篇小说的成名作。

小说采用拟人化的手法，让恒河边上的台阶如老祖母般絮絮地低语，述说它看到、听到、见到的人和事。

“如果把发生的事情都印在石头上，那么，你就可以在我的每一个台阶上读到许多昔日的故事。你如果想听过去的故事，那就请你坐到我的台阶上来；只要你侧耳细听这潺潺的流水，你就可以听到过去无数动人的故事。”河边的台阶吹拂着清晨“清爽而清新的和风”，见到过“颜色犹如纯金和强巴花一样橙黄”的秋日阳光，看着丘克罗波尔迪家里的老太太的姥姥和她的女儿在恒河边汲水、嬉戏。河边的台阶娓娓道来，为我们讲述了库苏姆的故事。

库苏姆八岁时结婚，婚后只和丈夫生活了一两天，便从一封信中得知她的丈夫死了。库苏姆回到娘家，此时踏上河边台阶的库苏姆，脚步声再也奏不出乐曲。岁月荏苒，十年过去了，正当妙龄的库苏姆越来越美丽，可她始终忧郁、不快乐，美好的青春年华被罩上了层层阴影。一位苦行者的到来改变了这一切。自从黄昏在河边偶遇苦行者后，库苏姆每天都到湿婆庙里向苦行者行触脚礼，聆听苦行者宣讲经典，悉心地完成苦行者的任何吩咐。几个月后，库苏姆突然再也不到庙里来了。苦行者将她约到河边询问。库苏姆向苦行者讲述了自己的梦境，梦境中有个人对她倾诉着爱恋，在苦行者的再三追问下，库苏姆说出那个人就是她崇敬的师尊——苦行者。苦行者听后离开了，而库苏姆则“慢慢地走进了恒河的水里”。

这是一个充满悲剧色彩的故事，库苏姆为何选择了死亡？纯粹只是因为苦行者的拒绝吗？库苏姆与苦行者是什么关系呢？河边的台阶没有挑明，但却通过他人的议论和两位主人公的行为表现给出了答案：

先是库苏姆家那个村的四个姑娘第一次见到苦行者后对他的议论：第一个姑娘说：“喂，他就是我们村里库苏姆的丈夫！”第二个姑娘说：“我的天哪！真是他呀！他是我们村里查杜久家里的少爷。”第三个姑娘说：“可不是嘛，前额、鼻子、眼睛，一点不差！”第四个姑娘甚至都没看他一眼，就叹息着说道：“哎，他不是死了吗？难道他还会复活？库苏姆怎么这样苦命呀！”除了最后一个姑娘，前面三人都做了肯定的回答，用了这些字眼儿：“就是”、“真是”、“一点不差”。显而易见，这些判断都十分肯定，确信无疑。

当然有人也有不同的看法。有的说:“他没有这么长的胡子!”有的说:“他没有这么瘦呀!”有的说:“仿佛他也没有这么高。”这几句话表面上看来是对前面姑娘们判断的否定,实际上恰恰相反,这些话从反面更加证实了苦行者就是库苏姆的丈夫。因为胡子的长短、身材的胖瘦,身高的变化都会随着岁月而改变,而人的前额、鼻子、眼睛等五官则不会有明显的变化。

男女主人公在台阶上第一次见面时俩人的表现更证实了他们之间的夫妻关系。他们的目光相遇,“仿佛在互相辨认,好像他们前生彼此相识”。库苏姆向苦行者行了触脚礼,苦行者向她祝福,询问了她的名字,“那一夜,他们再也没有说什么”。库苏姆“慢慢地向自己的家里走去”。而苦行者在河边的台阶上坐了很久,直到东方发白,他才回到庙里。一个是慢慢离去,一个是久久盘桓,可见两个人的心都有所触动。库苏姆也许认出了自己的丈夫,也许没有。毕竟结婚时她只是个八岁的孩子,而且与丈夫在一起的时间只有短短的一两天。而苦行者呢?当他知道库苏姆的名字之后,两人再也没有说过一句话。结婚时,苦行者的年龄不详,但至少比库苏姆要大些,因为按照印度教经典《摩奴法典》的规定,“三十岁的男子应同十二岁幼女结婚,二十四岁的男子应同八岁的幼女结婚”。正因为他知道了眼前这个年轻美丽女子竟是自己的妻子,所以才会在河边长坐,彻夜不眠,他的心中定然是掀起了滔天巨浪。

河边的台阶不是全知全能的,他只是个旁观者,只能为我们讲述他的所见、所感,无法窥探到苦行者的所有经历和他的感情,而这给我们留下了无数揣测和想象的空间。

最后一次见面时,库苏姆对苦行者流泪哽咽着诉说爱情之梦,苦行者竟残忍地告诉库苏姆忘记自己,再次不顾而去,粉碎了她的美好希冀。被逼入绝境,感到人生无望的库苏姆只有走向死亡的深渊。

谁是凶手?谁毁掉了如鲜花般美丽的生命呢?

童婚！苦行！

《摩奴法典》中教诲父亲，“女儿要在八至十二岁完婚”，女孩早嫁是父母神圣的宗教义务和基本职责。如果父母没有及时地把女儿嫁出去，就要“丧失对她的所有权”，被认为触犯了宗教忌讳。如果女孩到十岁还没结婚，她的父母兄弟就要遭到进地狱的厄运。因此，童婚成为印度教徒一生中的基本义务之一，成为印度人婚姻中根深蒂固的传统陋习。一个成年男人与一个仅有八岁、稚气未脱的小孩子是很难有幸福的婚姻生活的，这或许可以解释苦行者离家出走的原因。正是因为苦行者对童婚不满，谎称已经死亡，才使库苏姆成为寡妇，从此远离了快乐，陷入悲惨的生活境地。

当然，苦行者的两次离开还有另外一个重要原因就是他为了修行，为了坚持苦行。苦行，也是泰戈尔这篇小说中的重要批判对象。

印度教教义中，人生的最大目的就是获得自我解脱，达到与梵合一，即“梵我一如”。如何达到解脱呢？通过刻苦的修行，克制肉体或心理欲望，摆脱对一切有情的爱，抛弃一切执著。库苏姆的丈夫去修行，可他心里或许还是无法完全放下情爱。十年之后，他回到了库苏姆家的村子。苦行者认出了他守寡十年的妻子，但他缄口不语，绝口不提，将这个秘密埋在心底。苦行者的到来唤醒了库苏姆身上沉寂多年的情感，她渴望砸碎寡妇身上沉重的枷锁。苦行者心中怀着秘密教导着库苏姆，扩展她的视野，开阔她的心胸，或许是想弥补自己的过错。十年前，为了修行云游，苦行者抛弃了新婚的妻子离家出走。十年后，当他们相遇，库苏姆将自己的爱情奉献在苦行者面前时，他害怕了，内心挣扎着，用右脚使劲儿踩台阶。他退缩了，再次选择了欺骗，将库苏姆推向毁灭的深渊。

整篇小说语言朴素优美，叙事手法别致清新，细节描写细腻动人，在表现人物心理和人物关系方面含蓄隽永。在小说结尾写道：“经常在我的怀里玩耍的库苏姆，今天结束了玩耍，离开我的怀抱走了。她到哪里去了，我无法知道。”这看似平淡的语句，耐人寻味，发人深思，让人唏嘘不已。

（杨晓霞）

拉姆卡乃的愚蠢

那些喜欢嚼舌头和夸大其词的人散布说，古鲁丘龙临死的时候，他的第二房妻子正坐在内室里打牌。实际上，女主人当时正盘着一条腿（另一条腿的膝盖已顶到了下巴上）坐在地上，就着青辣椒、青酸梅和虾酱聚精会神地吃稀饭，听到外面呼叫的时候，她就放下一堆吃剩下的残渣、果皮及没吃完的一盘食物，沉着脸说道：“我连吃两口饭的时间都没有。”

大夫做了交代之后走了，古鲁丘龙的弟弟拉姆卡乃就坐在病人的身边，轻轻地说道：“哥哥，你如果想立遗嘱，你就讲吧。”

古鲁丘龙用微弱的声调说道：“我说，你写吧。”拉姆卡乃准备好了纸和笔。

古鲁丘龙说道：“我把我的一切动产和不动产全部留给我的合法妻子博罗达孙多丽女士。”拉姆卡乃写完了，但是他的笔有点儿不听使唤。他曾经怀有一个很大的希望：他唯一的儿子诺博迪普将会成为他这位无子嗣的长兄所有财产的继承人。虽然兄弟俩已分家另住，但是诺博迪普的母亲由于怀有这种希冀，就没有让诺博迪普去工作，并且早早地给他成了亲，而且这个婚姻如同向敌人脸上抹黑一样，毫无结果。然而，拉姆卡乃还是写好了遗嘱，并且把钢笔递到哥哥手里，让他签字。古鲁丘龙用虚弱而颤抖的手歪歪扭扭签了字，很难辨认他所写的就是他的名字。

当古鲁丘龙的妻子吃过饭，来到他身边的时候，古鲁丘龙已经不能说话了。看到这种情景，她哭了起来。那些希望继承财产而如今却失去这种希望的人却说，那是“虚假的眼泪”。不过，这话是不应该相信的。

诺博迪普的母亲听说遗嘱的事之后，就跑过来，大吵大闹，她说：“老头子临死的时候糊涂了。他有这样一个金月般的侄子……”

拉姆卡乃尽管十分尊敬妻子（换一种说法，这种过分的尊敬即是恐惧），但是他实在忍不住了，于是就匆匆走过来，说道：“夫人，你还没到糊涂的时候吧！你为什么要这样胡闹呢？哥哥走了，我现在还活着，你有什么要说的话，找个机会再对我讲，可是现在不是时候。”

诺博迪普得知消息也回来了，当时他的伯父已经不在人世。诺博迪普对死者威胁说：“我倒要看看，谁在你的口中点火[①]！要是我为你举行火葬仪式，那我就不叫诺博迪普！”

古鲁丘龙是个不遵守清规戒律又很任性的人。宗教经典上所规定的那些绝对禁止食用的东西，他倒特别喜欢享用。如果有人说，他是基督教徒，那他就会反唇相讥地说道：“啊，罗摩，如果我是基督教徒，那我就要吃牛肉了。”他活着的时候是这种样子，难道死后倒要为缺少食物而担心吗？这种可能性是不存在的。然而，除了上面提到的那些做法，诺博迪普就再也没有报复的途径了。诺博迪普唯一的安慰就是，伯父的灵魂一到阴曹地府就会饿死。活在阳世间虽然没有得到伯父的遗产，总还是可以设法填饱肚子，但是伯父进入另一个世界，即使在那里乞讨也要不到食物。活着总是有许多优越性的。

拉姆卡乃来到博罗达孙多丽面前，说道：“嫂子，哥哥把所有财产都留给你了。这是他的遗嘱。你要仔细把它放在铁箱子里锁好。”

这位遗孀当时嘴里一边数叨着长长的语句，一边高声恸哭，两三个女仆也陪她一起哭泣，在这种悲歌中不时地加入两三句新语，全村人都被惊醒了。此时这张遗嘱的出现打破了单调的恸哭，最初和最后的情感也不连贯了。下面所描写的事件就显得特别突出。

“啊，我是多么不幸啊！好了，兄弟，这个东西是谁写的？大概，是你写的吧？哎呀，还有谁会这样关心我呀，谁还会抬起头来看我一眼啊！你们都不要哭了，不要吼了，让我听兄弟把话说完。啊，我为什么不先走呀！我为什么还活在这个世界上啊！”

拉姆卡乃叹了一口气，在心里默默地说：“这都是我们命运的过错。”

拉姆卡乃一回到家里，诺博迪普的母亲就揪住他不放。一头拉着重车的不幸的老牛，一旦陷入了深沟，即使受到赶车人的千百次抽打，也只好长时间地站在那里不动弹了，拉姆卡乃就是这样长时间默默地忍受着。最后他用忧伤的语调说，“我有什么过错！我又不是哥哥。”

诺博迪普的母亲厉声叫道：“吓，你可真是个大好人呀！你什么都不懂。哥哥说：‘你写吧。’你这个弟弟就这样写了。你们全都是一样的好人！到时候你也会得到那种光荣的，你就等着吧。我死之后你再把一个丑陋的女妖精带到家里来，还要把我那金月般的诺博迪普赶到街上去流浪。不过，对此你不要抱有幻想，我不会很快就死的。”

就这样，女主人越是数叨着拉姆卡乃未来的放荡行为，她就越是变得怒不可遏。拉姆卡乃当然知道，为了消除这种想象中的怀疑，他对妻子哪怕表现出一点儿反对的意思，那么，其结果也会适得其反。拉姆卡乃出于这样一种担心，只好像罪人一样沉默不语——仿佛他真的做了那种事，仿佛是他剥夺了他那黄金般的儿子诺博迪普的财产继承权，而又把所有财产都留给他未来第二房妻子，似乎他现在正奄奄一息，此刻好像没有办法不承认罪过似的。

这期间，诺博迪普曾多次与他那些聪明的朋友商议，然后他对母亲说："不必担忧。我一定会得到这份财产的。不过，应该让爸爸离开这里一些日子。他留在这里，是会坏事的。"诺博迪普的母亲一点儿也看不起孩子爸爸的聪明才智；然而她觉得儿子的话是有道理的。最后，在母亲的威逼下，他那位十分不中用的愚蠢的爸爸，在某种借口的驱使下前往贝拿勒斯住了一段时间。

不久，博罗达孙多丽和诺博迪普，先后到法院控告对方伪造遗嘱。诺博迪普出示了写有他自己名字的那份遗嘱。如果瞧一下该遗嘱的签名，可以清楚地看到古鲁丘龙的签字，同时，为该遗嘱还找到了一两个没有利益瓜葛的证人。博罗达孙多丽方面的唯一证人就是诺博迪普的父亲，而且无法辨认遗嘱上的签字出自何人之手。博罗达孙多丽有一位在她娘家长大的表弟；此人对她说道："表姐，你不用担心。我出庭给你作证，我还会找到证据的。"

当这个案子的材料全部准备好的时候，诺博迪普的母亲打发人把诺博迪普的父亲从贝拿勒斯叫了回来。这位听话的老好人，手里拿着皮包和雨伞及时赶回来了，甚至，他还想开几句玩笑。他面带微笑双手合十地说："奴仆已经赶到，现在伟大王后有何吩咐。"

女主人摇着头说："算了，算了，不要再开玩笑了。你找借口在贝拿勒斯住了这么多的日子，可是从来都没想过我们。"

就这样，夫妻双方长时间怀着善意开始相互责怪起来——最后从责怪个人转到责怪性别了。诺博迪普的母亲把男人的爱情比做穆斯林对母鸡的嗜好。诺博迪普的父亲则说道："女人都是口中含蜜，腹中藏刀。"他虽然这么说，可是很难讲，诺博迪普的父亲何时曾经品尝过这种口中含蜜的滋味。

这时，拉姆卡乃突然接到法院发来的一张让他出庭作证的传票。

正当他感到惊奇并努力思考这件事情的时候，诺博迪普的母亲来了，她哭哭啼啼地说道："那个煎骨吸髓的女妖精，不仅想剥夺我儿子诺博迪普对他所爱戴的伯父财产的合法继承权，而且还准备把我那位英俊的孩子投入监狱！"

最后，拉姆卡乃逐渐弄清了整个事情的真相，他的眼睛痴呆了。他高声说道："这都是你们干的缺德事！"

女主人逐渐现出了自己的原形，她说道："你为什么这样说？在这件事情上诺博迪普有什么过错！难道他就不该继承他伯父的家产！？他为什么要放弃呢？！"

突然不知从什么地方飞来了这么一个小眼睛的丑陋女人——这个麻风病人的女儿，既然这个女妖精谋害了丈夫的性命，那么，一个高贵家庭的接续——金月般的后代又怎么能容忍呢！如果在伯父临死的时候，这个女妖精运用咒语使一个精神恍惚的老人理智出现差错，那么，他那位黄金般的侄子亲自去纠正这种差错，难道是无理之举吗！

心灰意冷的拉姆卡乃发现，他的妻子和儿子联合起来，有时大喊大叫，有时抛洒眼泪，当时他就用手击打着自己的前额，沉默不语地坐在那里。拉姆卡乃开始绝食了，甚至连水都不喝一口。

他不声不响，不吃不喝，就这样两天过去了。法院开庭的日子已经确定。这期间，诺博迪普通过对博罗达孙多丽表弟的恐吓、利诱将他制服了，他很容易就为诺博迪普做了伪证。正当胜利女神抛弃博罗达孙多丽并准备转到另一方面的时候，拉姆卡乃被传到了法庭上。

由于绝食老人已经唇干舌燥、奄奄一息，他用颤抖而瘦弱的手指头扶着证人席前面的栏杆。富有经验的律师为了获取证词十分策略地开始询问起来：从远处开始，拐弯抹角地慢慢接近问题的实质。

当时拉姆卡乃转过脸来，双手合十地对审判员说："阁下，我这个老头子十分虚弱。我没有力气讲很多的话。我现在就把我要说的话简单地讲一下。我那位已故的哥哥古鲁丘龙·乔克罗博尔迪,在临终的时候立下遗嘱:把一切财产都留给他的妻子博罗达孙多丽女士。这个遗嘱是我亲笔写下的,而且我哥哥亲笔签了字。我儿子诺博迪普·琼德罗手里那份遗嘱是假的。"拉姆卡乃说完这番话,颤抖几下,立即就晕倒了。

有经验的律师对坐在他身边的检察员风趣地说:"无为的劳动!我们怎么弄来了这么一个证人。"

博罗达孙多丽的表弟跑回来,对他的表姐说:"老头子把整个案子翻了过来——根据我的证据,我们打赢了这场官司。"

他表姐说:"确实如此!认识一个人是很不容易的。我知道那个老人是好人。"

诺博迪普被关进监狱,他那些聪明的朋友想了很久之后认定,那老头子当然是因为害怕才做出了这种蠢事;老头子一站在证人席上,就无法保持清醒的头脑。像他这样愚蠢的人,在全城再也找不到第二个了。

拉姆卡乃回到家里就发起高烧来。这个愚蠢的、坏事的、无用的父亲,在昏迷中常常呼叫他儿子的名字,最后终于离开了人世。在他的亲戚中有些人说:"如果他能早几天离开这个世界,那就好了。"不过,我倒不想指出这些人的姓名。

(孟历)一二九八年?

(1891 年?)

(董友忱　译)

注释:

① 按照印度教的传统,为死者举行火葬仪式的时候,要由死者的长子首先在其口上点火。——译者注

赏 析

有关遗产的故事全部和纠纷有关，人类所有的自私、生命的各个方面，都在争夺遗产的过程中一一暴露。莫泊桑在他的小说《遗嘱》中说："那是个伟大的、戏剧性很强的，而又滑稽可笑的、令人惊奇的场面。"泰戈尔的《拉姆卡乃的愚蠢》就讲了一个有关遗产的故事，当然，纠纷是必不可少的。

在小说中，拉姆卡乃突然陷入了争夺遗产的巨大漩涡之中。哥哥临死前让他记下遗嘱，要求把遗产全部留给妻子博罗达孙多丽。拉姆卡乃虽然很想让自己的儿子诺博迪普继承遗产，但还是忠实地写下了哥哥的遗嘱。拉姆卡乃的妻子和儿子知道遗产"旁落"，伪造了一份遗嘱，并伙同其他人一起争夺遗产。博罗达孙多丽当然不愿意别人把遗产抢走，于是一场官司就不可避免。

直到拉姆卡乃收到出庭作证的传票时，才知道妻子和儿子正背着自己在争夺遗产，而且还伪造了遗嘱。家庭内的沟壑一下子暴露出来。拉姆卡乃认为争夺遗产完全是缺德，于是开始绝食，并在法庭上当场宣布自己儿子手上的遗嘱是假的。故事的结局是诺博迪普被关进了监狱，拉姆卡乃没过几天也离开了人世，哥哥的遗产终于"物归原主"。

小说中的人物被泰戈尔分成两派：聪明者和愚蠢者。聪明者处处都显得聪明，好像一切都在掌控之中，拉姆卡乃的儿子和妻子都属于这类人。他们理所当然地认为遗产应该是他们的，他们避开"傻瓜"拉姆卡乃，伪造了遗嘱，并伙同许多聪明人来作伪证。但是聪明总被聪明误，"愚蠢"有时候更显得难能可贵。拉姆卡乃就是所谓的愚蠢者，他很想让儿子继承遗产却还是忠实地记下了遗嘱。妻子和儿子去争夺遗产时，他本可以默不作声，却绝食抗议。他还拖着病弱的身体亲自去法庭证明儿子伪造遗嘱，结果儿子被关进了监狱。他好像做了最愚蠢的事情，实际上愚蠢的是那些

"聪明人"。

泰戈尔在这部小说中设置了一个道德的评判者,这个不出场的评判者实际上替作者发了言,反驳了那些"聪明者"的谣言。小说第一句话就是一条谣言:"那些喜欢嚼舌头和夸大其词的人散布说,古鲁丘龙临死的时候,他的第二房妻子正坐在内室里打牌。"接着,作者就更正道:"实际上,女主人当时正盘着一条腿(另一条腿的膝盖已顶到了下巴上)坐在地上,就着青辣椒、青酸梅和虾酱聚精会神地吃稀饭。"泰戈尔用这种方式既表现了当时博罗达孙多丽的不幸遭遇,又还原了一个历史真相。文中还有多处关于这种纠错式的语言,如"那些希望继承财产而如今却失去这种希望的人却说,那是'虚假的眼泪'"。这句话后面紧跟着作者的评判:"不过,这话是不应该相信的。"又比如"女主人逐渐现出了自己的原形"等等。

整篇小说都在讲拉姆卡乃的愚蠢,但这种愚蠢的行为却是泰戈尔所特意赞颂的,这种愚蠢代表着善良与正直,代表着诚实与完美。如果和泰戈尔的小说《达拉普罗松诺的光荣》作比较,我们马上会发现这两部小说都运用了一种反讽式的写法。达拉普罗松诺的"光荣"代表着愚昧和迟钝,相反,拉姆卡乃的愚蠢是一种假象,代表着善良和纯真。当整个世界都在和拉姆卡乃作对,当"愚蠢"的拉姆卡乃陷入"聪明人"的包围之中,他还能坚持自己的本真和原则,这就是道德的善,是一种人格的完美。

《拉姆卡乃的愚蠢》除了塑造了一个"愚蠢"的拉姆卡乃、表现了争夺财产的波澜起伏的场面外,语言也很有特色,尤其是比喻手法的运用,生动传神。当拉姆卡乃被妻子揪住不放时,拉姆卡乃只能默默地忍受,我们看泰戈尔是如何描写的:"一头拉着重车的不幸的老牛,一旦陷入了深沟,即使受到赶车人的千百次抽打,也只好长时间站在那里不动弹了。拉姆卡乃就是这样长时间默默地忍受着。"这里,作者把拉姆卡乃比喻成老牛，既形象，又符合人物性格。又比如拉姆卡乃的妻子把博罗达孙多丽比喻成“煎骨吸髓的女妖精”，把自己的儿子比喻成“金月般的后代”等等，所有这些比喻都生动地刻画出了人物形象，渲染了气氛，也体现了泰戈尔高超的写作功力。

（贺　江）

邮政局长

刚一参加工作，就被派往一个名叫乌拉普尔的偏僻农村去当邮政局长。这是一个很不显眼的极为普通的村庄。村子附近，有一座靛蓝货栈。正是这座货栈的老板经多方周折、反复努力，才在这里建立了一个新的邮政所。

我们的邮政局长是一个从加尔各答来的青年人。他到这个边远农村的艰难处境，仿佛就像一条被甩到岸上的鱼。他的办公室和住所，就设在一个昏暗的八边形的棚屋里。不远处有一口长满青苔的池塘，房屋四周是翠绿的莽莽丛林。

货栈里都是一些办事员之类的员工。他们整天忙忙碌碌，没有一星半点空闲时间。再则，他们也不善于与邮政局长这样有教养的先生打交道。

另一方面来看，从加尔各答来的年轻人也特别不善于交际。来到一个陌生的地方，他不会大大方方做人处事，而是腼腼腆腆局促不安。这样一来，邮政局长与当地的人们基本上就没有什么交往。

邮政所的业务不多。这位邮政局长在工作之余偶尔写几首小诗。在诗歌中表达了他这样一种思想感情——整天看着树木嫩芽的颤动和天空云霞的飞渡，生活似乎过得相当幸福。

可是，善于探测心灵深处秘密的人就会知道：要是阿拉伯《天方夜谭》中的任何一个魔鬼跑出来，在一个晚上把正在抽芽的树枝连同整个丛林一扫而光，修筑一条通衢大道，两旁建起鳞次栉比耸入云霄的宫殿，使那些云彩从我们眼帘中消失，那时候，这位半死不活有教养的年轻人，可能才会真正体会到一种崭新生活的恩宠。

邮政局长的工薪极是菲薄。他不得不自己动手做饭。村里一个父母双亡的孤女，偶尔帮他打打杂，很少在他这里吃饭。姑娘大约十二三岁，她的名字叫萝坦。看不出有什么人要娶她为妻。

傍晚时分，村里各家牛栏屋里升起了袅袅炊烟，蟋蟀在草丛中开始鸣叫。远处，村里的一群酩酊大醉的巴乌尔教派[①]的教徒，正在敲锣打鼓，放声歌唱。

这时候，邮政所里屋角落里点着一盏火苗细小的灯。邮政局长孤独一人坐在昏暗的走廊里，一直看着树叶的颤动。他那颗诗人之心，似乎也出现了某种轻微的骚动。

"萝坦！"邮政局长叫道。

当时萝坦正坐在门槛处，一直等待着他的呼唤。第一次喊过之后，她并没有进屋。

"先生，什么事？"她在门槛那里应了一声，"你叫我有什么事吗？"

"你在那里做什么？"

"我正要去厨房生炉子……"

"厨房的事暂时放一放，先给我装好烟，把烟袋点着送过来吧。"邮政局长说道。

萝坦把水烟袋装好烟，鼓起自己腮帮子使劲地吹火。把烟锅点着后，马上送了进来。

邮政局长从萝坦手里接过烟袋，唐突地问道："萝坦，你还记得自己的母亲吗？"

原文

说来话长。对萝坦来说，有的事仍然记忆犹新，有的事就完全淡忘了。爸爸比妈妈更喜欢她一些。她还依稀记得终日在外边劳动，直到黄昏时才回家。她突然想起一两个傍晚时的情景，如清晰的图画一样，铭刻在她的心上。

说着说着，萝坦挪到邮政局长的脚边，坐在地板上。她突然回忆起，自己还有一个小弟弟。很久以前，在一个阴雨连绵的日子里，与弟弟俩人一起在水漫河堤岸上用树枝做钓竿，开心地做钓鱼的游戏。与许许多多更为重要的事情相比，这钓鱼游戏的情景，印象最深。

他们这样闲聊，不知不觉已到了深夜。当时，邮政局长疲惫不堪，懒得再做饭了。萝坦很快生好炉子，把早上剩的饭菜热了一下，并烤了几个饼。他们俩人的晚餐就这样对付过了。

就这样，每天的傍晚，在那宽敞的八边形的棚屋里，邮政局长坐在办公室一角的木椅上，谈起了自己家里的情况——谈到他的弟弟、母亲和姐姐。一提起自己的亲人，对孤身一人旅居他乡异地的人来说，心境是十分凄凉的。

尽管这些话时常在他心中涌现，但在靛蓝货栈那些员工面前，他无论如何是不会吐露一丝一毫的。可是，在这个无知的农村小姑娘面前，他却无拘无束地娓娓道来。久而久之，小姑娘在言谈中，仿佛已成了他们家庭中的一员，也称他母亲叫妈。她经常像最熟悉的人一样提到他的姐姐、兄弟等等。更有甚者，小姑娘尽力想象他们的模样，并把她想象的形象刻在她那稚嫩的心灵的画面上。

一天，淫雨初晴的下午，温馨和煦的轻风吹拂着。在阳光沐浴下的青草和树枝，散发着一种沁人心脾的芳香。仿佛觉得，疲乏的大地开始呼出一股热气，正抚摩着人的躯体。不知从什么地方飞来一只鸟，在大自然的宫殿里，用同一旋律和同一悲伤的声调，不厌其烦地一次又一次地复述着自己的哀伤——它叫了整整一个中午。

那天，邮政局长手上的工作已经干完，正在欣赏雨过天晴后的景象——被雨水冲洗一新柔软光滑的树枝嫩叶在阳光下闪动，未被雨季征服的堆积云层在阳光下变幻莫测，多么现实的一幅美妙的图景啊！

邮政局长看到这一切，不禁浮想联翩：要是此时此刻，身边有一个亲爱的贴心人与自己共同分享生活，那一定会成为一个多愁善感的郎儿。

他心里也逐渐领悟到，那只鸟似乎也是一次再次地抒发自己的情怀，那些在万籁俱寂的中午隐蔽在枝阴下的细枝嫩叶的簌簌声也似乎表达了这层意思。

当然谁也不会知道，以及难以确信这种想法。可是，对于一个收入菲薄的小小乡村邮政局长来说，在长长假日这宁静的中午，其内心是会出现这种心绪的。

邮政局长深深地叹了一口气。

“萝坦！”他叫了一声。

萝坦当时就在番石榴树下伸着脚坐着，正啃着一个还未成熟的番石榴。听到主人的叫喊，马上就跑了过来。

“兄长先生，是你叫我吗？”她气喘吁吁地问道。

邮政局长说：“我来教你认点字吧！”

从此以后，晌午时间，萝坦就与主人一起“啊啊咿咿”地学念孟加拉字母。没有几天连复合字母也都会认了。

斯拉五月里阴雨连绵，简直下个没完没了。沟渠河汊，沼泽池塘，全都灌满了水。白天黑夜听到的只是一片蛙声和雨声。村里的道路全是雨水，行人绝迹，人们只得乘船去赶集。

原文

有一天，从清晨起就大雨滂沱。邮政局长的女学生，早就坐在门口等候多时。可是总也没有听到平日那种呼唤声。她蹑手蹑脚悄悄地进入老师的卧室。她见邮政局长躺在床上，便想老师可能还想休息。于是又悄没声儿地退回来。这时，她蓦地听到一声呼唤：

"萝坦！"

萝坦急忙转身返回卧室。

"兄长先生，睡好了吗?"她问道。

"我觉得身体有些不舒服。"邮政局长用忧伤的语调说，"你用手摸摸我的额头，看是不是发烧了?"

淫雨下个不停，孤身漂泊他乡，加之疾病缠身心情压抑，邮政局长，多么希望有人照顾！他多么渴望那双戴着贝壳手镯温柔的小手在自己滚烫的额头上抚摩！他真想在这艰难困苦的异地，在病痛折磨之时，有像母亲和姐姐那样温存的女人在自己的身旁！

此时，这个异乡人内心的强烈渴望，并不是想入非非，枉然徒劳的。小姑娘萝坦再也不是小姑娘了，顷刻间，她已处于做母亲的位置。她请来了医生，及时地给病人喂药，整夜地侍候着病人，亲手为他做可口的饭菜。

"喂，兄长先生，觉得好点了没有?"她还没完没了地上百次的询问。

过了好多日子之后，邮政局长总算离开了病床，但身体仍很虚弱。他已下了决心，再也不能耽搁，无论如何要调动工作，离开这里。于是，他立即向加尔各答的上级，递交了请求调动工作的申请书，陈述了自己身体状况不适应当地工作的理由。

卸下了侍候病人的负担之后，萝坦又依然坐在门外那个老地方。但是，她再也很难听到过去那种呼唤声了。偶尔，她伸着头朝里面探视一下，只见邮政局长心不在焉地坐在椅子上，或者躺在矮榻上。萝坦满怀希望等待着邮政局长的呼唤,而邮政局长则急不可耐地等候他调离申请的批复。

姑娘坐在门外,千百次地温习自己的老课程。她生怕哪一天叫她时,会把复合字母搞混了。一个星期之后,终于在一天黄昏时,邮政局长叫她去了。

"兄长先生,"萝坦忐忑不安地走进房间里问道,"是你叫我吗?"

邮政局长说:"萝坦,明天我就要离开这里了。"

"兄长先生,你要去什么地方?"

"我回家去。"

"什么时候再来呢?"

"再也不来了。"

萝坦听到这里,再也没有什么要问的了。

邮政局长主动告诉萝坦——他提出了调动工作的申请,但申请没有被批准。因此,他决定辞职回家。

两个人沉默了好久,谁也没有说话。烛光一闪一闪地跳动,雨水浸透陈旧屋顶的缝隙,吧嗒吧嗒滴在陶碗里。

过了一会儿,萝坦慢慢起身去厨房里做烙饼。今天不知怎么的,手有些不听使唤,远不如平日那样灵巧。她心里涌现出许多想法。直到邮政局长吃完了饭,萝坦才问他:

"兄长先生,带我去你们家吗?"

邮政局长莞尔一笑:"那怎么行呢!"

这件事为什么不行,他觉得没有必要向小姑娘解释。

整个一个晚上,无论是在梦里还是醒着,姑娘的耳旁总是萦绕着邮政局长带笑的声音——"那怎么行呢!"

清晨起床,邮政局长看到——为他洗澡的水都准备好了。按照加尔各答的习惯，启程时，他要用刚打来的水洗澡。他感到纳闷：她并没有问过他什么时候动身呀？或许她想到拂晓可能要用水，所以萝坦就在深更半夜去河里汲水，供他洗澡。

洗过澡后，邮政局长把萝坦叫来。她无声地进了屋，默默地等候吩咐，并胆怯地朝主人看了一眼。

主人说："萝坦，我会对将来接替我的那位先生说，要他如我一样地关心照顾你。你不要因我走了而感到伤心。"

毋庸置疑，这席话是出自极其关怀真挚同情的肺腑的。可是，谁能了解女人的心呢？

多日以来，萝坦忍受过主人多次的责骂。可是，今天她对这温情脉脉的话语却忍受不住了，顿时高声大哭起来。

"不，不，你对谁也不要说，我不要别人照顾。"

邮政局长从来没有见过萝坦这个样子，所以一时惊愕得目瞪口呆。

新任的邮政局长来了。前邮政局长向他交代完所有公事之后，就准备启程。临行前他又把萝坦叫来。

"萝坦，我从来没送过东西给你。今天临走的时候，我想送一点东西给你，今后你会用得着的。"

邮政局长把扣除路途花销费用外的所有薪金，从口袋里掏了出来。

萝坦见后倏地跪下，抱住他的双脚。

"兄长先生，我向你敬礼，祝你幸福！你什么东西也不要给我！我不需要任何人为我担忧。"

说完后，萝坦立即从那里跑走了。

前邮政局长叹了一口气，手里拎着一个包，肩上扛着雨伞，慢慢地朝船上走去。搬运工人头顶蓝白相间条纹的铁皮箱，跟在他后面。

登上船后，马上就起航了。雨季泛滥的小河，像大地母亲眼睛流出的泪泉，四处回旋、呜咽。

当时，邮政局长的心里开始感到一阵剧烈的疼痛——一位普普通通农村姑娘可怜小脸的画面，仿佛描述了遍及世界的、无法形容的痛苦。

他曾有过这样强烈的想法——“我返回去。把那个被世界抛弃无依无靠的孤女带出来。”

可是，当时正是劲风灌满船帆，河水奔腾咆哮，而且村庄已过，唯有堤岸上焚尸场还依稀可见。

随着河水的流淌，在这位旅客的心灵，浮现出这样一个真理——在生活的洪流中，人间有过多少悲欢离合！有过多少生死轮回！回去有什么结果呢？人世间谁关心谁呢？

遗憾的是，萝坦的心里就没有出现过这样的真理。她还流着泪，围着邮政所那屋子不停地转悠徘徊。我觉得她的心里还存在一线希望——兄长先生，可能会回来！正是抱着一丝希冀，她才没有远走他乡。

啊！失去理智的人心！你的迷茫怎么不消失？逻辑学的判断推理怎么这么晚才进入你的脑海呢！已经强有力证明了不可信的虚假希望，你为什么还要双手紧紧搂住不放呢？终究会有一天，所有血管都被割破，心脏的血也流干，希望也没有了！那时才会觉醒，而且又为堕入第二轮迷茫而焦虑不安！

（孟历）一二九八年？

（公历 1891 年？）

（黄志坤　译）

注释：

① 巴乌尔教派是印度教僧侣教派中的一支。

赏析

《邮政局长》的情节非常简单，讲述了到偏远村庄里任职的邮政局长和一个女孩之间发生的故事。

邮政局长从繁华的都市来到偏僻的农村，“仿佛就像一条被甩到岸上的鱼”。这一比喻妙趣横生，令人拍案叫绝，很好地表现了邮政局长的艰难处境。

环境陌生，加上生性腼腆，邮政局长感到寂寞惆怅，内心时常涌动着思乡的愁绪：

> 傍晚时分，村里各家牛栏屋里升起了袅袅炊烟，蟋蟀在草丛中开始鸣叫。远处，村里的一群酩酊大醉的巴乌尔教派的教徒，正在敲锣打鼓，放声歌唱。
>
> 这时候，邮政所里屋角落里点着一盏火苗细小的灯。邮政局长孤独一人坐在昏暗的走廊里，一直看着树叶的颤动。他那颗诗人之心，似乎也出现了某种轻微的骚动。

村里人家的炊烟、蟋蟀的鸣叫、远处的喧哗，微弱的油灯、昏暗的走廊、独坐的人百无聊赖地看着树叶颤动，这两段景物描写一动一静，很好地表现了邮政局长远离家人，独居乡村的孤寂、忧伤。

为了排遣寂寞，打发闲暇时光，邮政局长开始和照顾他的孤女萝坦聊天，聊自己的母亲，聊自己的家庭。他们逐渐亲密起来，邮政局长在萝坦面前可以无拘无束地谈天，萝坦仿佛成了他家庭中的一员。

有了萝坦的陪伴，邮政局长的心情平静了许多，他开始有闲情逸致去欣赏乡村的美景：“被雨水冲洗一新柔软光滑的树枝嫩叶在阳光下闪动，未被雨季征服的堆积云层在阳光下变化莫测，多么现实的一幅美妙的图景啊！”多愁善感的邮政局长又开始渴望爱情的降临了，渴望在此刻“身边有一个亲爱的贴心人与自己共同分享生活”。可对收入菲薄的邮政局长来说，这只能是一种奢望，伴在他身边的唯有萝坦，于是邮政局长开始教萝坦认字。有一次邮政局长病了，萝坦像母亲和姐姐一样日夜精心照料他，服侍他。

病愈后的邮政局长决心辞职回家，当萝坦听到邮政局长要离开的时候，只问了他两个简短的问题，接下来就是两人长久的沉默。作者没有去描写萝坦的面部表情、肢体动作，而是描摹萝坦的自我感觉，觉得“手有些不听使唤，远不如平日那样灵巧”。泰戈尔没有直接地表明萝坦对邮政局长的感情，但从这样几句简单的话语，我们却可以明白地读到女孩对邮政局长的爱慕与依恋，内心的波澜起伏和不安。她强装镇定，表面上非常平静，心里五味杂陈，百转千回。这种笔法充满着灵动、清新的色彩，具有诗歌的韵味。

犹豫了许久，萝坦问邮政局长：“兄长先生，带我去你们家吗？”然而，“那怎么行呢”的回答击碎了她所有的幻想，让她整夜无眠。虽然伤心难过，但第二天，萝坦仍早早起来，按照加尔各答的习惯，给邮政局长打来了洗澡水。从这个细节中，我们可以读出萝坦的细心和善良，她定是将邮政局长以前提过的这种习俗记在心中。正因为对邮政局长的关心，萝坦才会记住他说过的每句话，提到过的每件事。在这里，我们看到了一位心细如发、深情温婉的女子。

邮政局长乘船离开时，泰戈尔用诗人的笔触，刻画了一幅哀婉悲戚的离别场景，人物心理与景物描写丝丝入扣，动人心弦。“雨季泛滥的小河，像大地母亲眼睛流出的泪泉，四处回旋、呜咽。”对河水的描写恰是萝坦心境的写照，作为一个无依无靠的孤女，刚得到的一点亲情和温暖又将失去，刚刚燃起的对生活的新希望又被扑灭，这是怎样的一种无奈和哀痛啊……

邮政局长的内心也颇不平静，他“心里开始感到一阵剧烈的疼痛——一位普普通通农村姑娘可怜小脸的画面，仿佛描述了遍及世界的、无法形容的痛苦”。邮政局长心里也有过要回去将萝坦带走的想法，但他又安慰自己人间会有无数的悲欢离合，“人世间谁关心谁呢？”河水奔腾着，咆哮着，犹如邮政局长内心掀起的巨大情感波涛，他犹豫彷徨，最终决然而去，置萝坦于不顾，他与萝坦之间的美好感情终敌不过俗世生活的种种考量。

这篇小说通篇看不到一个“情”字，但“情”却深蕴其中，意在言外，如同一首优美的散文诗，以情布景，以景衬情，情景交融，对人物的描写曲折含蓄、哀婉动人，韵味悠长。

（杨晓霞）

喀布尔人

我五岁的小女儿米妮，整天咭咭呱呱不停嘴。她出生后只花一年时间，就学会了讲话。这以后，只要没有睡着，她简直就没有一分钟安静过。她母亲怎么骂她，也不能使她少说几句。可我却不这样。假如米妮沉默不语，我就觉得很不自在，时间一长我就难以忍受。因此，米妮与我聊天，总是津津有味，神采飞扬。

一天上午，我正忙着写一部小说的第十七章。米妮来了，说：“爸爸，看门人罗摩多亚尔把‘乌鸦’叫‘老鸦’。他什么都不懂，是吗？”

我还没有来得及向她解释——世界上的语言千差万别各不相同的时候，她已扯到另一个话题上去了：“爸爸，你说说，博拉讲天上有只大象，它鼻子一喷水，天就下雨了！你看，她怎么能这样胡说八道呢？她就会唠叨，白天黑夜地唠叨！”

她不等我思索片刻发表意见，又突然问道：“爸爸，妈妈是你的什么人？”

我默想——她是我亲爱的……但对米妮却搪塞道：“米妮，去跟博拉玩吧！我正忙着呢！”

米妮没有走，就在桌边我的脚旁坐下来了。手不停地敲着膝盖，小嘴像说绕口令似的念念有词，自个儿玩了起来。在我小说的第十七章里，主人公罗塔普·辛格在漆黑的夜晚，正抱着女主人公卡乔玛拉，从监狱很高的窗户纵身跳到下面的河水里！

我的房间面向街道。忽然，米妮不玩了，跑到窗前叫了起来：“喀布尔人，啊，喀布尔人！”

街上一个高个儿喀布尔人，拖着疲惫的脚步经过这里。他穿着污秽宽大的衣服，头缠高高的头巾，肩上扛着一个大口袋，手里拿着几盒葡萄干。我的宝贝女儿看到他后，很难说有什么想法，但她开始大声地叫唤他。我想，这扛大口袋的又是一个灾难，我小说的第十七章再也写不完了！

听到米妮的叫唤，喀布尔人微笑地转过身，朝我们家走来。米妮看到这情景，急忙跑到里屋，躲藏得无影无踪。她可能有一个稀里糊涂的想法——那大口袋里藏着几个和她一样活蹦乱跳的小孩。

喀布尔人走到我跟前，面带笑容地和我打招呼。我心想，尽管小说主人公普罗塔普·辛格和卡乔玛拉的情况，是那样的紧急，但是，既然把小贩叫到家里来了，不买点什么总是说不过去的！

买了点东西，就开始聊了起来。我们从阿卜杜勒·拉赫曼[①]、俄罗斯人、英国人一直扯到保卫边界的政策。他动身要走的时候，问道：“先生，你那小姑娘哪里去了？”

原文

我设法打消米妮毫无根据的恐惧，把她从里屋领了出来。米妮靠着我，以疑惑的眼光，看着喀布尔人和他的大口袋。小贩从袋子里掏出一些葡萄杏子等干果，递给米妮。但她什么也没要。反而倍加疑心，更加紧紧地挨着我。他们首次会面就是这样的！

几天之后的一个上午，我刚要出门，忽然看到我女儿坐在门口的长凳上，正和坐在她脚边的喀布尔人滔滔不绝地说话。那小贩满脸堆笑地听着，间或也用蹩脚的孟加拉语发表点自己的想法。除了爸爸之外，在米妮五年的生活经历中，还从来没有遇到过这样耐心的听众。我还看到，她那小纱丽的衣角上堆满了杏子和葡萄干。我对喀布尔人说："你给她这许多东西干什么？请不要再给了。"

说着，我从口袋里掏出一枚半卢比的硬币，交给了小贩。他心不在焉地接过钱来，丢进了口袋。

回家后，我发现，那枚硬币引起了比它价值多一倍的麻烦！

米妮的妈妈拿着银白锃亮、圆溜溜的硬币，以责备的口气，不断追问米妮："这硬币你是从哪里弄来的？"

"喀布尔人给我的！"米妮回答说。

"你怎么能要喀布尔人的钱呢？"

"我没有要，是他自己主动给我的。"米妮差一点要哭出来了。

正好我回来了，才把米妮从面临的灾难中解救出来。

后来才知道，米妮和喀布尔人已不是第二次见面了。小贩每次来，总是用杏子等干果来贿赂米妮那小小的贪婪的心。他取得了米妮的信任。

我看到，这两个朋友常常做一些有趣的游戏，或者讲些开心的笑话。比如有一次，我女儿一见到罗赫莫特，就笑嘻嘻地问道："喀布尔人,啊!喀布尔人!你大口袋里装的是什么呀?"

罗赫莫特鼻音很重地笑着回答说:"里面装了一只大象。"

即使小贩口袋里有一只象,这本来也没有什么好笑的。可是,别小看这类并不算聪明的俏皮话,却使他们俩感到非常开心和惬意。秋天的早晨,当听到这两个孩子——一个成年的和另一个未成年的——天真无邪的笑声时,我也感到由衷的喜悦。

他们之间还有一类话题。罗赫莫特问米妮:"小人儿,你什么时候到你公公家里去?"

孟加拉家庭的姑娘,一般早就知道公公家是怎么回事。但是,我们有点新派作风,还没有跟孩子讲过"公公家"这类事情。因此,米妮对罗赫莫特的问题,有些莫名其妙。不过,米妮的性格是不允许她默不作答的。于是,她机灵地反问道:"你去公公家里吗?"

罗赫莫特对着想象中的"公公"挥起了粗壮的拳头说:"我要揍公公[②]!"

米妮想道,她并不知晓的公公将要挨揍,处于尴尬境地时,不禁放声大笑起来了。

正值秋高气爽。在古代,这是帝王东征西讨的大好时光。我从来不离开加尔各答,哪儿也不去。但我的心灵,却周游世界各地。我是我那房屋一角的永久居民。可是,我的心对外部世界总还是兴致勃勃的。听到一个外国名词,我们的心就飞到了那个国度。仿佛见到了那里的人民,见到了那里的江河山岳。那里丛林中的茅舍景象从我心底油然而生,想象到他们欢乐自由的生活。

我习惯于植物似的固定生活。一提到要离开我那屋角外出旅行,简直不亚于晴天霹雳。每当上午,我坐在书房桌前,与喀布尔人聊天的时候，我的心就在漫游。喀布尔人操着不纯正的孟加拉语，高声地给我讲述自己的故乡。我的眼前呈现出一幅异国的画面：高耸入云难以攀登的崇山峻岭，夕阳给它们染上了一层红色；驮着货物的骆驼，在狭窄的山间小径上缓缓而行；裹着头巾的商人和旅行者，有的骑在骆驼上，有的步行，有的手持长矛，有的拿着老式猎枪……

米妮的母亲生性胆怯。一听到街上的吵闹声，她就以为世上所有的醉汉都怀着什么不可告人的目的要拥到我们家里来。她认为，这个世界到处都充满了小偷、强盗、醉汉、毒蛇、猛虎、疟疾、毛虫、蟑螂和英国士兵。虽然年岁不小了，处世已经这么多年（当然，也不算太多），但她那恐惧心理仍未完全消失。

她对罗赫莫特这个喀布尔人，也总是疑神疑鬼。她常常提醒我，要注意他的行动。我总是想消除她的疑惑，一笑了之。可是，她会接二连三地向我提出问题："难道就从来没有小孩被拐走过？难道喀布尔那里没有奴隶买卖？对于一个喀布尔壮汉来说，要拐走一个小孩难道完全是荒诞无稽的吗？"

我承认，这种事虽说不是不可能的。但是，平心而论，我却不太相信。不管我怎么解释，我妻子就是不听，始终为小女儿担忧。尽管如此，我也不能毫无理由地把罗赫莫特拒之门外呀！

每年一月中旬，喀布尔人总要回国一趟。回国前夕，他就忙着挨家挨户收欠款。不管多忙，他每天都要抽出时间来看米妮。见此情景，自然会认为他们两人之间，似乎存在什么密约。如果他上午没有来，傍晚一定会来的。黄昏时，在屋里墙角处突然发现这个高大的、穿着宽敞衣服、扛着大口袋的小贩，连我也不免要惴惴不安。然而，当看到米妮笑着跑进来，叫着"喀布尔人，啊，喀布尔人"，以及见到这两位忘年之交沉浸在往日天真的欢笑之中时，就感到担心是多余的了。

一天早晨，我坐在小房间里看校样。过一两天喀布尔人就要回国了。天气很凉，使人有些战栗。阳光透过窗户照到我伸在桌下的脚上，使人感到温暖和舒适。八点钟左右，早出做生意的小贩都蒙着头，缩着脖子回家了。就在这时候，忽然街上传来了一阵喧哗声。

我朝外一看，见罗赫莫特被两个警察绑着走过来。后面跟着一群看热闹的孩子。喀布尔人的衣服上血迹斑斑。一个警察手里拿着一把带血的刀。我走出家门，叫住警察，打听到底是怎么回事。

在众说纷纭之中，我从警察和罗赫莫特那里得知：原来是我们一位街坊邻居欠了喀布尔人一条拉姆普尔出产的围巾钱，但他不认账，引起一场争吵，对骂起来。罗赫莫特刺了他一刀。

喀布尔人正在盛怒之下，痛骂那个赖账的邻居。米妮从屋里走出来叫着："喀布尔人，啊，喀布尔人！"

罗赫莫特脸上顿时露出了笑容。今天，他肩上没有大口袋，自然米妮不能与他谈论早就习以为常的口袋里装象之类的话题。于是米妮问道："你去公公家里？"

喀布尔人笑了笑，说："是的，我正要到那里去！"

看到自己的回答没有使孩子发笑，他便举起了被铐着的双手，说："要不然，我会揍公公的。可手被铐住了，有什么办法呢！"

由于造成致命伤害，罗赫莫特被判处几年徒刑。

他被人忘却了！我们仍在原来的房间里坐着，做着原来的事情。时间一天一天地流逝，我们却想不起那个曾是自由的，而现在在监狱里度日如年的喀布尔山民了。

活泼的米妮，交了一些新朋友，完全忘记了那位老朋友。我作为她的父亲，也不得不承认，她这种交新忘旧的行为是十分令人羞愧的。后来，她日渐长大，再也不跟男孩子玩耍，只与女朋友在一起。甚至在我的书房里，也很难见到她。我和她也疏远了。

转眼几年过去了，又是一个风和日丽的秋天。我家米妮已定好了婚期。婚礼将在杜尔伽大祭节举行。当杜尔伽回到凯拉斯圣山去的时候，我家的宝贝也要到她丈夫家里去了，这将使父亲感到天昏地暗。

早晨，朝霞满天。雨后的秋日，清新的阳光宛如纯金一样地斑驳灿烂，加尔各答小巷里鳞次栉比的破旧砖房，都被这霞光抹上了一层奇妙的色彩。

今天，天刚破晓，我们家就吹奏起欢庆的唢呐。这声音，仿佛是从我的胸膛里、我的骨髓里，迸发出来的呜咽哭泣。悲伤的曲调把我的离愁别恨和秋日的明媚阳光揉搓在一起，传送到远方。今天，我的米妮要出嫁了。

从清晨起，我们家就熙熙攘攘，忙忙碌碌。院子里搭起了席棚。房间和走廊里的吊灯丁当作响，欢声笑语此起彼伏。

我坐在书房里查看账目，罗赫莫特走进来向我问好。

起初，我没有认出他来。他没有带大口袋，没有留长发，他的身体也失去了从前的虎虎生气。最后，看到他在微笑，我才认出他来。我说："罗赫莫特，什么时候来的？有什么事？"

"昨天晚上，"他说，"我出狱了。"

这话听起来很刺耳。我从来没有这么清楚地见过伤害自己同胞的凶手。看到他，我的心都紧缩了。我希望，在今天这个喜庆的日子里，他赶快离开这儿，就万事如意了。我便对他说："今天我们家里有事，我也很忙，你走吧！"

他一听这话，立即起身就走。走到门口，他迟疑不决地说："我可不可以再与小人儿见一面？"

他相信米妮可能还是从前那个样子。他想米妮大概又会像从前那样叫着"喀布尔人，啊，喀布尔人"跑进来；他们之间仍然会像往日那样，天真烂漫地谈笑风生。不是吗！他为了纪念过去的友谊，还专门带了一串葡萄和一小纸包干果呢！这些东西显然是从同乡那里要来的——他自己的大口袋早就没有了啊！

"今天家里有事，"我说，"你什么人也见不着。"

他流露出失望的神情，呆站了一会。他以冷漠的眼光又看了我一下，说了声"先生再见"，就朝门外走去。

我觉得有些抱歉，正想叫他回来。这时，只见他自己转过身来，走到我跟前说："这葡萄和一点干果是专给小人儿带来的，请你交给她吧！"

我接了下来，正要给钱时，他突然握住我的手说："您是很仁慈的，我一辈子也忘不了。请别给我钱！先生，在家乡，我也有一个像你女儿一样的闺女。我一想起她，就带点果子给你的女儿。到你们家来，我不是为了做买卖赚钱的。"

说到这里，他把手伸到宽大的衣服里，从胸脯什么地方掏出一张又小又脏的纸来。他小心翼翼地把纸打开，在我书桌上用双手把它抹平。

我看到，纸上有一个小小的手印。它不是一张照片，也不是一张图像。小手上的脏迹还清晰可辨地印在纸上。罗赫莫特每年来加尔各答街上做买卖，总是把回忆女儿的印迹装在心窝里。这样，他仿佛感到有一双温柔的小手，在抚摩着他那被离愁折磨着的心。

凝视着手印，泪水模糊了我的视线。我忘了他是喀布尔小贩，而我是孟加拉贵族。我只是想：他也和我一样——我是父亲，他也是父亲！他那山区家乡的小帕尔博蒂的手印，使我想起了米妮。我立刻派人把她从里屋叫来。里屋很多人都反对这样做，但我不听他们的。米妮出来了。她穿着鲜艳的红绸衣服，额头上点着檀香痣，打扮成新娘子的米妮，含羞腼腆地站在我面前。

喀布尔人见到米妮很惊讶。他们再也不能进行往日那种愉快的交谈了。他终于笑着说："小人儿，你就要到公公家里去了？"

米妮现在已懂得了"公公家"的含义。她再也不能像过去那样回答了。听到罗赫莫特的问话，羞得满脸通红。她转过身去站在那里。我想起了米妮和喀布尔人第一次见面的情景，我的心有些隐隐作痛。

米妮走了。罗赫莫特深深地叹了口气，就在地上坐了下来。他突然感到，他的女儿在这漫长的岁月里，也该长得这么大了。需要和她进行新的交谈，新的结识。她也不会是往日的模样了！已经八年了！这期间，谁知道发生了什么变故没有？在秋日和煦的阳光里，唢呐吹奏起来了。罗赫莫特坐在加尔各答的一条巷子里，冥想着阿富汗的光秃秃的群山。

我拿出一张支票递给他，说："罗赫莫特，你回家去吧！回到自己女儿身边去！愿你们父女重逢的欢乐，给我米妮带来幸福！"

由于送了这份礼物，婚礼的场面不得不有所缩减。不能像原来设想的那样点电灯，请乐队。家里的女眷们都很不满。但是，我却感到，幸福的光芒使这喜庆的节日格外生辉！

（孟历）一二九九年阿格拉哈扬月

（1892 年 11～12 月）

（黄志坤　译）

注释：

① 阿卜杜勒·拉赫曼是 19 世纪末叶阿富汗的国王。

② "公公"和"公公家"，除了其直接含义外，在下层人家有时暗指警察和监狱，

因监狱里不用花钱，也有饭吃。

赏析

《喀布尔人》体现了泰戈尔强烈的人道主义精神。作者通过对喀布尔人这一下层劳动人民善良和朴实性格表达称赞和敬佩之情，表现出一种超越阶级和民族之爱的情怀。

小说中的喀布尔人是一个拥有高尚心灵的人，对他性格的塑造，贯穿在整部小说中，描写是层层深入，感情是逐渐加深的。小说中描写了米妮和喀布尔人的五次相见，米妮、喀布尔人和“我”每一次见面的态度都不一样。米妮对喀布尔人的态度从害怕恐惧到信任喜欢。“我”对喀布尔人的态度从疑惑、担忧、偏见，到后来的羞愧、敬佩。通过“我”的态度改变，我们看到了喀布尔人的质朴和他对孩子无私的爱。举个例子，在米妮出嫁的那天，喀布尔人出狱，他带着葡萄和干果想与多年的朋友米妮见面，“我”担心出意外就拒绝了喀布尔人的请求，并付钱给他，失望的喀布尔人说“请别给我钱！先生，在家乡，我也有一个像你女儿一样的闺女。我一想起她，就带点果子给你的女儿。到你们家来，我不是为了做买卖赚钱的”，并“把手伸到宽大的衣服里，从胸脯什么地方掏出一张又小又脏的纸来。他小心翼翼地把纸打开，在我书桌上用双手把它抹平”。多么感人而朴实的语言和细节，那是一张印在纸上的喀布尔人女儿的手印，他是要告诉“我”，他来看米妮不是为了赚钱，也不是为了要伤害米妮，而仅仅是因为他也有一个女儿，却由于生计要出门在外不能与自己的女儿相见，所以看到米妮就像是看到自己的女儿一样。这个小小的手印，让“我”对喀布尔人的猜疑和担心立刻烟消云散，而且对这个喀布尔人肃然起敬。

赏析

好的细节能恰到好处地表现作家的意图。在对喀布尔人的性格塑造上，泰戈尔还通过真实的细节使人物形象更生动丰满，使主题更鲜明深刻。在这部小说中，上面提到的小手印是小说最能体现人物性格的一个细节。除此之外，喀布尔人背上的那个大口袋也让人回味无穷。大口袋是流浪异乡做买卖用的工具，可在小说中则成了喀布尔人与米妮亲密关系的纽带。米妮第一次见到大口袋时非常疑惑，觉得里面可能藏着几个和她一样活蹦乱跳的小孩，可是后来与喀布尔人见面的时候，这却成了两代人之间开玩笑的话题。口袋一直贯穿在他俩的故事中，是两个忘年交之间真挚友谊的见证。然而八年后，喀布尔人出狱了，他来和米妮见面，这次没有带大口袋，他的身体也失去了以前的虎虎生气，长大的米妮也不再拿大口袋来开玩笑了。大口袋的从有到无，表现了两代人感情的变化，也表现了喀布尔人生活遭遇的变化。无论是对手印还是对口袋，虽不像长篇巨著那样有详细描绘，但由于这些细腻的象征性的描写，人物性格就凸显出来了。

泰戈尔称赞喀布尔人，一方面是想唤醒人民内在的善心，另一方面又是要控诉当时社会对下层劳动人民的偏见和憎恨。“我”从喀布尔人一出场就觉得“是一个灾难”，后来喀布尔人给女儿葡萄和干果，“我”把钱掏给他，喀布尔人心不在焉地把钱装入自己的口袋，可后来却把钱给了米妮，“我”觉得这样的举动很奇怪，认为他是想“贿赂米妮那小小的贪婪的心”。渐渐地，喀布尔人和米妮的接触越来越多，看到他们之间天真无邪的玩闹，看到他们之间真挚的忘年之交，看到女儿一见到喀布尔人，就亲密地叫“喀布尔人，啊，喀布尔人”，“我”开始感到自己的担心是多余的。尽管如此，由于家人的极力反对，“我”还是把喀布尔人拒之门外。一天，喀布尔人因为生意上的争执，刺了他人一刀，被判处几年徒刑，“我”的态度变得更为紧张和冷淡。直到后来，喀布尔人告诉“我”他喜欢米妮的原因时，“我”才打消了对他的疑惑，还对他产生了敬佩之心，于是给了他一张支票资助他回家，好让他与自己的女儿尽快重逢。但家里的女眷们仍然很不满，可见人们仍然戴着有色眼镜看他。尽管如此，小说蕴涵着作者对喀布尔人深挚的情，泰戈尔通过“我”的态度转变表达了自己对下层人民、对“小人物”的热爱，控诉了人民的偏见。

泰戈尔的作品常常借助景物描写来表现人物的心理，这部小说也不例外。在“我”女儿出嫁那天，“早晨，朝霞满天。雨后的秋日，清新的阳光宛如纯金一样地斑驳灿烂，加尔各答小巷里鳞次栉比的破旧砖房，都被这霞光抹上了一层奇妙的色彩”，可见“我”心情之喜悦和激动，连砖墙都充满了喜气。紧接着，“天刚破晓，我们家就吹奏起欢庆的唢呐。这声音，仿佛是从我的胸膛里、我的骨髓里，迸发出来的呜咽哭泣”，唢呐吹奏出哭泣声，又见出“我”的离愁别恨。两种复杂的心态，泰戈尔通过景物淋漓尽致地表现了出来，表现出了“我”既高兴又不舍的心情。移情于景，总是能把人物强烈的感情诗意地表现出来，耐人寻味。泰戈尔描写女儿出嫁的心情如此，描写喀布尔人与米妮最后一次见面的心情也如此：“在秋日和煦的阳光里，唢呐吹奏起来了。罗赫莫特坐在加尔各答的一条巷子里，冥想着阿富汗的光秃秃的群山。”这一描写，诗意盎然地把喀布尔人生活的疾苦，和背井离乡多年、怀念亲人的愁思一下子就烘托了出来，感伤情绪极为浓郁。从上可见，景物不单单是静止的景物，还是人物活动的背景、与小说角色同喜同悲的伙伴。

小说《喀布尔人》是一部极为成功的作品，它的成功不但在于小说对人物性格的刻画、象征性的细节描写和融情于景的景物描写，而且在于让人难以忘怀的纯朴的喀布尔人。

（黄　蓉）

戈　拉

作品提要

戈拉随好友比诺耶去波莱什先生家,受到热情招待,而且他的言行深得主人一家人的喜欢。尤其是波莱什先生的养女苏乔丽塔对他一见钟情,戈拉对她也有好感。自此后,戈拉便成了波莱什先生家的常客。但戈拉的宗教信仰与波莱什先生一家格格不入,这使戈拉很痛苦。为缓解这种痛苦,也为了了解印度社会的现实,他决定去农村苦行。苦行期间,因替低等种姓的人打抱不平,戈拉被人陷害进了监狱。而此时比诺耶也在苦苦斗争着。他与波莱什先生的二女儿洛莉塔相爱,受到梵社成员及印度教传统势力的坚决反对。在波莱什先生的支持下,两人最终在一起了。戈拉出狱后,出于传统宗教义的考虑,疏远与比诺耶的关系,也减少了与苏乔丽塔的来往。但他感情深处却始终与他们在一起。因为苦行接触到低等种姓,也因为与波莱什先生一家的接触,戈拉决定举行一次盛大的赎罪仪式,以示自己对传统印度教教义的严格遵守。可戈拉的父亲突然出面阻止举行仪式,宣布戈拉不是他的亲生儿子,也不是印度人,也就谈不上是印度教徒了,更谈不上什么赎罪不赎罪了。戈拉听了后,一下子得到了解脱一样,全身轻松了起来,以更加热情的心投入印度的民族解放的事业中去。

作品选录

第五十七章

一天下午,苏乔丽塔正准备去波莱什先生那里。这时仆人进来通报,来了一位先生要拜访她。

"哪位先生？是比诺耶先生吗？"

"不是比诺耶先生，这位先生皮肤很白，个儿高高的。"仆人回答说。

苏乔丽塔很感惊讶，连忙说："快请先生到楼上来坐吧！"

今天，苏乔丽塔根本就没有在意自己穿的是什么衣服以及样子好不好看。现在她在镜子里照了照，对自己的穿着打扮很不满意，可是已来不及换装了。所以，她就用颤抖的手稍微拢了拢头发，整理了一下衣裳，匆匆忙忙提心吊胆地走进了房间。她完全忘了桌上还摆着一些刚才读过的戈拉的著作，而且戈拉就坐在这张桌子对面的椅子上。这些书不知羞耻地呈现在戈拉的眼前，她既无法把它们掩盖，也无法把它们搬走。

"姨妈早就急着想见你，现在我去叫她来。"苏乔丽塔刚一进来就这样说，并随即退了出去——她好像没有勇气单独与戈拉坐在一起谈话似的。

过了不久，苏乔丽塔与霍里莫希妮一道进来了。

不久以前，霍里莫希妮已从比诺耶那里听说过戈拉的生平、见解以及虔诚信念。中午的时候她还常常要苏乔丽塔把戈拉的文章念给她听。尽管老太太对戈拉所有文章并不能理解得很准确，但她从整体上了解到，戈拉是遵守古老圣典的信徒，并为反对当今社会寡廉鲜耻的行为而斗争。不管怎么说，戈拉的这些书对她有一个很大的好处，那就是可以为她午睡起到催眠的作用。她非常敬佩戈拉，因为，在她看来，一个受过英国教育的现代年轻人，居然能这样坚定不移地信奉正统的印度教，世上真是再也没有比这更为惊人和品德高尚的事了。当初，她在梵教家庭里居住，遇到了比诺耶，当时比诺耶使老太太非常高兴和满意。但是后来更为熟悉了，尤其是有了自己的家之后，她看到比诺耶行为上的一些弱点，使她有些不满意。正是因为对比诺耶寄予厚望，她就对他更加责备求全。这样一来,她就更希望见到戈拉。

霍里莫希妮一见到戈拉,顿时惊叹不已。这才是真正的婆罗门!他亮得如一团祭火,真如浑身闪光的湿婆大神。老太太对戈拉非常尊敬,当戈拉躬身向她行触脚礼时,她竟不知所措地连忙后退。

“孩子,关于你的情况,我已听过很多了。”霍里莫希妮说,“你是戈拉,名副其实的白皮肤[①]。我听到过这样一首颂辞:

谁锯带月光琼浆的檀香树,
谁就能涂抹出白皙的肌肤……

今天,我终于看见你了。我真弄不明白,怎么会有人把你送进监狱呢?”

“如果您这样的人去当县官,”戈拉莞尔一笑说道,“监狱只好让老鼠和蝙蝠去做窝了。”

“不,我的孩子,”霍里莫希妮说,“世上难道还缺少小偷和骗子吗?县长难道瞎了眼?你不是一个凡人,你是像天神一样的人。只要看你一眼,谁都会知道这一点的。难道因为有监狱,才要把好人关进去吗?!我的天,这是什么世道啊!”

“县长们办案要看人的脸,他们就会见到神的形象。所以,他们只是看法律书本行事。”戈拉解释说,“要不然,把那么多人投入监狱,处以流放和施以绞刑之后,他们还能吃得进饭,睡得着觉吗?”

“我有空的时候,总是要拉达拉妮念点你的书给我听听。”霍里莫希妮说道,“我已盼望了很久,很想有福气听你亲口讲讲这些道理。我是一个愚蠢的女人,而且生来命苦,什么也不懂,也定不下心来做什么事。不过,孩子,我深信能从你这里得到一些教益。”

戈拉没有反驳这些话语,而是谦逊地保持沉默。

“孩子，你是不是吃点东西再走？”霍里莫希妮接着说，“我好久没有招待过像你这样的婆罗门子弟了。今天只好给你吃点甜食。但以后我要专门在家里好好招待你一顿。”

说完后，霍里莫希妮出去安排吃食去了。当时，苏乔丽塔不免心里有些忐忑不安。

戈拉突然问道：“比诺耶今天到你这里来过吗？”

“是的。”

“后来，我没有见到比诺耶，”戈拉继续说，“但是，我想知道，他为什么来这里？”

说到这里，戈拉停顿了一下，苏乔丽塔也沉默不语。

“你们想让比诺耶按梵教的仪礼来举行结婚仪式。”戈拉说，“你认为这样好吗？”

苏乔丽塔被这句话微微刺了一下，倒使她所有的羞怯迟疑全部消失了。她抬起头来看着戈拉说：“你难道希望我说，按梵教的仪礼举行结婚仪式不是一件好事吗？”

“你当然知道，我不会期待你做什么浅薄的事情。”戈拉回答说，“我对你的期望，远远超过对一般教派门徒的期待。我可以绝对有把握地说，你绝不是那种为增加自己教派信徒而像苦力那样卖劲工作的人。我希望你按照自己的意思去理解自己，你不要妄自菲薄，被别人的意见引入歧途。你必须在心里清晰地认识到，你不单纯是某个教派的成员。”

苏乔丽塔绞尽脑汁把全部精力集中于辩论，于是问道：“这么说来，你不属于任何教派吗？”

“是的，我是印度教徒。”戈拉说，“印度教徒不属于任何教派。印度教徒是一个民族。这个民族是如此的庞大，乃至任何一个定义都难以概括其民族特性。正如海洋不同于波浪，印度教徒也不同于各教派的信徒。”

“印度教徒如果没有教派，”苏乔丽塔反问道，“那么，印度教徒中间为什么有如此强烈的教派精神呢？”

“为什么一个人挨了打他要回击呢？因为他有生命，石头才能忍受各种各样的打击。”戈拉解释道。

“如果印度教徒，”苏乔丽塔再次问道，“把我认为是宗教本质的东西，看做是一种伤害，那么处于这种情况下，你说说，我该怎么办呢？”

“我可以告诉你，”戈拉回答说，“如果你认为给那个被称为印度教徒的庞大民族一种沉重的打击是你的一种责任，那么，你就应该严肃认真地想一想，你本身有没有什么迷惘和盲目的地方，你是否从各个方面对其进行了全面的思考。单凭自己的习惯或惰性，硬要强调自己教派那一套信仰是唯一正确的信仰，那是不对的。老鼠在船身上啃洞的时候，只顾自己的意愿与方便；它根本看不到这个洞给整体带来的巨大损失比所得的小小利益不知要大多少倍！所以，你也应该考虑考虑，你的举动仅仅为你的教派的利益着想，还是为整个人类的利益着想？你知道整个人类是什么意思吗？你知道他们的性格和想法是多么的复杂？他们的需要是多么繁多吗？所有的人，并非站在同一条路上同一处地方——有的人前面是山脉，有的人前面是海洋，有的人前面是平原。然而，他们之中谁也不是坐在某处，而是大家都在走动。难道你想把你们教派的权威强加在所有人头上吗？难道你想闭上眼睛认为，人类自身之中没有任何差别，生到世上来只是为了加入梵社的吗？你如果是这样想的话，那么你与那些强盗民族又有什么差别呢？那些强盗民族自恃有力，不肯承认世界不同民族的差异对于全人类具有不可估量的价值，他们以为人类最大的幸福就是由他们来征服世上其他一切民族，并把这些民族置于他们的绝对统治之下,使全世界遭受奴役。”

有片刻工夫,苏乔丽塔忘记这是在辩论。戈拉那洪亮的嗓音和奇特的力度,使她的心灵大为震撼。苏乔丽塔完全不以为戈拉是在以什么东西为题进行辩论,只感到他所阐述的真理在她头脑里引起强烈的共鸣。

“你们教社并没有创造印度的两亿人民,”戈拉接着说,“你们怎么可以说什么道路对这两亿人最合适呢?什么信仰,什么习俗可以满足他们全体的饥渴,使他们强盛呢?对于这样幅员辽阔的印度,你们试图强行把它变成一个模式,处于同一个水平,这可能吗?你们做这种白日说梦的傻事时,一旦遇到障碍,你们就迁怒于国家;障碍越多,你们就越是憎恨和藐视那些你们本想为他们效劳的人!而且你们还以为,自己在膜拜那创造不同人类并希望他们继续保持不同的神灵。如果你们真的尊敬他,为什么不去好好理解他的命令?为什么为自己智慧和自己教派盲目自傲而不去承认他的意旨呢?”

戈拉看到苏乔丽塔不想做任何争辩,继续保持沉默,认真听他讲述时,心里顿生怜悯之心。他稍微停顿了一下,降低嗓门继续说:“我的话,对你来说,听起来可能很刺耳,但是,请你不要认为我是一个对立教派的人而产生任何反感。我如果认为你是敌对教派的人,那么我就什么也不会对你说。我正是看到你心中有一种天然的宽厚的力量,但可惜被局限在教派狭小天地之中,我感到很心痛。”

苏乔丽塔脸色通红,说道:“不,不,请你不要管我。你只管往下说吧,我尽力领会你所讲的意思。”

“我没有更多的话要讲了。”戈拉接着说,“请用你天生的智慧和自然的心态去看待印度吧,去热爱她!如果你把印度人民看成是梵社之外的芸芸众生,那么,你就会瞧不起他们,嘲笑他们,只会对他们产生误解,你千万不要站在不能全面观察他们的角度去审视他们。天神创造的人,他们有不同的思想,有不同的行动,有不同的信仰,有不同的习俗。但是他们有一个基本共同点,那就是人性。在所有的人身上,都有一种属于我的东西,属于我印度的东西;只要我们能正确认识它的本质,它就可以透过一切渺小与不完整的现象,显现出一种巨大而奇妙的实体。通过它,世世代代礼拜神灵的奥秘就可以揭开。我们可以看到过去多少年代的祭火仍然在灰烬中燃烧。而且,毫无意义,总有一天那股火焰会超越时间和空间的界限,在全世界燃起熊熊大火。如果有人说印度人在过去的年代里,说过的大话,行过的大事,都不足信。这种说法,即使是胡言乱语,也是对真理的不敬——那只不过是一种无神论的说法而已!”

苏乔丽塔一直在埋头倾听。这时她抬起头来问道:“请对我说,你要我做什么呢?”

“我不再说什么了。”戈拉回答说,“我只对你谈一点,你应该懂得,印度教就像母亲一样,她尽量接纳持各种思想各种观点的人。也就是说,世界上唯有印度教,才把人当人看待,而不是当做教派的一分子。印度教既尊重聪明的人,也尊重愚笨的人;她不但尊重某一种学识,同时也尊重其他各种各样的知识。基督教徒们就不承认事物的多样性。他们说,一边是基督教,而另一边则是永恒的毁灭,没有中间道路。我们在基督教徒手下读过书,当时我们曾为印度教的多样性感到羞耻。因为我们看不到:印度教正是通过这种多样性去实现全体的一致。如果我们不能在心灵上突破基督教学说的四面包围,我们就没有资格获得印度教的光辉真理。”

苏乔丽塔不仅听到了戈拉所说的话,而且她似乎也看到了戈拉话中体现的思想。戈拉用他那沉思默想的深邃目光所看到的遥远未来的情景，完全通过他的话语，呈现在苏乔丽塔的眼前。她忘却了羞怯，甚至忘掉了自己，抬着头全神贯注地仰望着戈拉那热情洋溢容光焕发的面孔。她在这张脸上看到了一股伟力，凭借这股伟力，世上的一切伟大构想似乎都能借助神力而得以实现。苏乔丽塔并不是孤陋寡闻，她在自己的教社里听过许多聪明博学才子们对真理的探讨。不过，戈拉今天的讲话不仅是议论探讨，而且简直是一种创造。他的话是如此明白晓畅直截了当，一下子就把人的全部身心抓住了。今天，苏乔丽塔就像见到了雷电之神因陀罗。当戈拉那些话语深沉有力撞击她的耳膜时，她的心房也颤抖了。而且强烈的闪电仿佛时时刻刻都在血管里奔腾。苏乔丽塔简直惊讶得丧失了辨认能力了，她已看不清自己的见解与戈拉所讲的在哪些方面有所不同，在哪些方面吻合一致。

这时候，索蒂什走了进来。由于他有些怕戈拉，所以就尽量避开他走到姐姐身旁站着，并悄悄地说："帕努先生来了。"

苏乔丽塔吃了一惊，仿佛被谁抽了一下似的。按她当时的心态，无论如何要摆脱帕努先生，她甚至打算不惜花任何代价。苏乔丽塔心想，戈拉可能没有听到索蒂什的悄悄耳语，于是她便匆忙起身，径直来到楼下，对哈兰先生说："请原谅，今天我不便与你谈话。"

"有什么不便的呢？"哈兰先生反问道。

苏乔丽塔没有直接回答问题，而是说："如果你明天早上去我爸爸那里，你会在那儿见到我的。"

"今天，你房里大概有客人吧？"哈兰先生问道。

"今天我没有空。"苏乔丽塔也回避了这个问题，"今天很对不起，请你原谅。"

哈兰先生固执地再问："不过，我在街上就听到了戈拉莫洪先生的声音，他大概在这里吧？"

原文

这个问题,苏乔丽塔再也不能回避了。她脸色绯红地说道:“对,他在这里。”

“这真是太好不过了。”哈兰先生说,“我正想与他聊聊。你如果手上有什么急事,那就请便吧!我现在就与戈拉莫洪先生谈一谈。”

哈兰说完后,没有征得苏乔丽塔的同意,径直奔上楼去。苏乔丽塔跟随而至,她进房间后连看都没看哈兰先生一眼,对戈拉说:“姨妈正在为你准备吃的,我去看看就来。”

说完后,苏乔丽塔迅速走出房间,哈兰先生一脸严肃的表情,自己拿了一把椅子坐了下来。

“看来,你身体似乎不太舒服!”哈兰先生说道。

“你说得对,”戈拉漫不经心地说,“最近碰巧遇到一点不太舒服的治疗。”

“是这样,”哈兰先生声调软了下来,说道,“大概使你吃了不少苦头。”

戈拉不无讽刺地说:“并不比我预计的多。”

“我有一个与比诺耶先生有关的问题想与你讨论一下。”哈兰先生改变话题说,“你大概已听说,他准备在星期天,申请加入梵社。”

“没有,我没有听说。”戈拉淡然地回答。

“你同意他这样做吗?”哈兰先生又问道。

“比诺耶不需要我的同意。”

“你认为如何,比诺耶先生有足够的信念准备申请加入梵社吗?”哈兰先生又追问道。

“他既然已同意参加,”戈拉说,“你再提这样的问题,就完全是多此一举。”

“当我们强烈地爱着什么东西的时候,”哈兰先生说,“往往无暇考虑对其信赖如何以及该怎么办。你对人的性格，是了解得很清楚的。”

“不，我不想讨论毫无必要的人的性格的问题。”戈拉说。

“尽管我的见解以及我们教社与你很不一致，”哈兰又说，“但我对你还是很尊重的。我当然知道，不管你的信仰是正确的还是错误的，任何一种诱惑都不能使你动摇。不过……”

戈拉打断他的话，说道：“要是比诺耶连你对我所保留的一点点尊重都得不到，对他来说，当然是一个很严重的损失。在人世间，对好与坏的判断是必不可少的。不过，你如果要以自己的尊重与不尊重来判断事物的相对价值，你尽管这样做好了。然而你千万不要指望别人会接受你的评价。”

“很好，”哈兰先生说，“虽然这个问题一时得不到解答，但我还想问问你——比诺耶打算与波莱什先生家的姑娘结婚，你是否会进行阻挠呢？”

“哈兰先生，”戈拉生气了，大声说道，“我能与你讨论这些与比诺耶有关的问题吗？你总是爱谈论人的性格，那么，你应该明白——比诺耶是我的朋友，而不是你的朋友。”

“我提出这个问题，”哈兰先生辩解说，“因为与梵社有牵连，否则……”

“可是我与梵社却毫不相干。”戈拉大声说道，“你如此关心的评价与我又有什么关系呢？”

这时候，苏乔丽塔进来了。哈兰先生对她说：“苏乔丽塔，我有一件重要的事要跟你谈一谈。”

其实，哈兰先生这样说，完全没有必要。他其所以这样做，只是想在戈拉面前表示他与苏乔丽塔是如何的一种特殊的亲密关系。然而，苏乔丽塔偏偏不买他的账，不做任何回答。戈拉也在自己的椅子上稳稳地坐着不动，根本没有任何表示让哈兰先生有机会单独与苏乔丽塔谈话。

“苏乔丽塔，”哈兰先生又重复了一遍，“到隔壁房里去一下，我有话要对你说。”

苏乔丽塔仍然不予理睬，未做回答，而是看着戈拉问道：“你母亲身体好吗？”

戈拉笑着说：“我从来没有听说过我妈妈有不好的时候。”

“是的，”苏乔丽塔附和着说，“我亲眼看到了这一点，保持身体健康对她来说，是多么一件轻松自如的事啊！”

戈拉顿时想起了自己坐牢的时候，苏乔丽塔经常去看望阿农多莫伊的情景。

这时候，哈兰先生突然从桌子上拿起一本书，先看了看封面上作者的姓名，随后又打开书浏览了几处地方。

苏乔丽塔有些难为情，脸也红了。戈拉当然知道是什么样的一本书，不免暗自笑了笑。

“戈拉莫洪先生，”哈兰先生问道，“我想，这大概是你青少年时候的作品吧？”

“我现在也还是青少年啊！”戈拉笑着说，“有些动物的青少年时代很快就结束了，而有的则持续很长的时间。”

苏乔丽塔站了起来，说道：“戈拉莫洪先生，你的茶点现在大概准备好了，请你到那房里去。帕努先生在这里，姨妈是不会出来的。她也许正在等你呢！”

最后一句话是专门说给哈兰先生听的。今天，苏乔丽塔已忍耐多时了，她不可能不给予回击。

戈拉站了起来。不肯认输的哈兰先生说：“我在这儿等你。”

“何必在这儿白白等待呢?”苏乔丽塔说,“现在已经时候不早了。”

不过,哈兰先生并没有起身。苏乔丽塔和戈拉离开房间走了出去。

在这个家里遇见了戈拉,并看到苏乔丽塔对戈拉的表现,哈兰先生又斗志昂扬了。苏乔丽塔就这么样摆脱梵社吗?难道就没有人可挽救她吗?无论如何,应该阻止她这样滑下去。

哈兰先生拿了一张纸,给苏乔丽塔写了一个便条。哈兰先生的信念是相当坚定的。其信念之一就是,当他以真理的名义去指责别人时,他的尖刻言词,不会收不到效果的。他从来也没有考虑过,语言并不是唯一的东西,还有个叫做人心的东西存在。

吃完点心后,戈拉又与霍里莫希妮谈了好久的话。到苏乔丽塔房里去拿手杖时,天已经黑了。苏乔丽塔的书桌上点着一盏灯,哈兰先生已经走了。桌上有一封写给苏乔丽塔的信。只要走进屋子,这封信就会映入眼帘。

戈拉看到桌子上那封信后,心里非常难受。他毫不怀疑,那信是哈兰先生写的。他早就知道,哈兰先生对苏乔丽塔拥有一种特殊权利,而且这种权利没有遇到任何反对。今天,当索蒂什来悄悄告诉苏乔丽塔说哈兰先生来了的时候,苏乔丽塔略微有些惊慌,并匆匆下楼去。随后,她就陪着哈兰先生一起上来了。戈拉一看到这些情况,心里很不是滋味。后来,苏乔丽塔带他出来吃茶点,让哈兰先生独自留在房间,虽然在他看来有些失礼,但是他断定这个熟不拘礼的态度,乃是他们两人亲密关系的一种表现。现在又看到桌上的信,戈拉顿时感到受到一种很大的打击。书信真是一种神秘的东西,外面只是写着名字,重要的内容全在里面,所以它具有一种特殊的折磨人的力量。

戈拉望着苏乔丽塔的脸,说道:“我明天再来看你。”

“好吧!”苏乔丽塔低垂着头说道。

原文

戈拉正要告辞，却又突然停步，提高声调说道："你的位置在印度的太阳系里——你属于我的祖国——你决不能听信某个飘荡不定的彗星的鬼话而被卷进真空里去！在你坚定地站在你应站的正确位置上之后，我才能放开你。有人曾对你说，你在那个位置，你的真理和你的宗教就会抛弃你。但我要明确地对你说，仅仅少数几个人的见解和言论决不是你的真理和你的宗教。你的真理和你的宗教，与你四周无数的人有千丝万缕的联系。如果你想使它保持光辉灿烂朝气蓬勃，就不能任意把它从森林里连根拔起而栽到花盆里去。如果你想使它充分发挥其作用，你就得待在祖国人民远在你出生之前就给你安排好的位置上。你无论如何不能这样说——我与他们毫不相干，他们与我也毫无关系。要是你这样说了，你的真理、你的宗教、你的力量，全都会像幻影一样消失得无影无踪。我毫不含糊地告诉你，倘若你的见解使你离开天神原先派你去的地方，不管你在哪里，你的见解绝不会获得胜利。我明天再来。"

说完这番话后，戈拉就走了。他走了很久之后，屋子里的空气仿佛仍在振动。苏乔丽塔始终如一尊雕像，纹丝不动地呆坐在那里。

（黄志坤、赵元春　译）

注释：

① 戈拉，孟加拉文的词义是"白皙的"、"白皮肤"等等。

赏析

《戈拉》写于1907～1909年，先在《侨民》杂志上发表，1910年出版单行本。

《戈拉》是泰戈尔最杰出的一部长篇小说，曾有人说，即使泰戈尔没有写过其他长篇小说，就此一部小说，也足以奠定他在印度小说史上的崇高地位。如果说印度另一位作家普列姆昌德的《戈丹》是反映农村社会生活的史诗性作品，那么泰戈尔的《戈拉》则是一部反映城市生活的史诗性作品。

这部小说，由此前作者那种长篇小说的阴柔之美、婉约风格向阳刚之气、豪迈风格转变，将家国、社会等重大事项直白地写进小说，将印度社会即将发生重大历史变革前夜的历史画面再现出来。小说非常深入地涉足当时的政治活动，说这部小说是政治小说也不为过。

《戈拉》的主题，可以从两方面理解，一是爱国主义思想主题，一是宗教思想主题。两个主题通过戈拉的活动串联起来，纠结在一起。

戈拉是小说的核心人物，是一位爱国知识分子。他身为印度爱国者协会主席、印度教教徒青年们的领袖，刚正不阿、一身民族正气，不去逢迎英国县长以求怜悯或饶恕。同时他身上有着明显的宗教偏见，不过最后他抛弃了这种偏见。戈拉的宗教思想观念的发展经历了四个阶段：对传统教义的坚定信仰期、动摇期、拯救期、重新认识期。在与波莱什先生一家接触之前，他严格遵守印度教一切清规戒律，甚至为种姓制度辩护；他行触脚礼，不喝异教徒拿过的水，反对与异教姑娘谈恋爱。一种高尚的爱国思想于是蒙上了狭隘民族情感的色彩。但当他与波莱什先生一家交往后，发现现实与他的宗教有矛盾：他在农村旅行，看到教派纷争的危害，目睹了劳动者冲破宗教偏见一致反殖的事实，于是感到再也不能用自己的幻想来欺骗自己了；他对梵教姑娘苏乔丽塔产生了爱慕之情，由于教派有别，只能拼命压抑这种情感，内心矛盾十分剧烈。为了纯洁自己的宗教信仰，他减少了与波莱什先生一家的交往，加之在苦行时与贱民的接触，使他认为自己不洁，于是要举行一场赎罪仪式，以拯救或巩固出现动摇的思想。但当他从养父母口中得知自己是爱尔兰人的后裔，并非印度人时，一下子感到卸掉了包袱，成为自由人。此时，他已完全战胜了自我，从一个狭隘的民族主义者变成了真正的爱国主义者。

除了戈拉外，小说还塑造了一些栩栩如生的人物形象，如比诺耶、洛莉塔、苏乔丽塔、波莱什、阿农多莫伊、克里什那多亚尔、哈兰。比诺耶是戈拉的好朋友和好助手，在言行方面过于崇拜戈拉而很少自己的见解，被认为是戈拉的影子和传声筒。他与波莱什一家相识后，与波莱什先生的女儿洛莉塔产生感情，在洛莉塔的鼓动刺激下，在戈拉的母亲阿农多莫伊的教导下，思想性格发生变化，成了一个敢于面对现实、敢于向传统的印度教社会挑战，终于摆脱戈拉的影响而成为有独立人格的人了。洛莉塔是小说中最可爱的人物，性格刚烈，敢作敢当，为了追求自己的爱情，敢于据理力争，敢于反抗利用宗教教义欺压人的哈兰先生。苏乔丽塔自幼失去双亲，由波莱什先生抚养长大，聪明，有思想，对环境的忍耐力非常大，非常崇拜戈拉，并喜欢上戈拉，成为戈拉精神上的良友。波莱什先生是作者塑造的理想人物，睿智练达，思想开明，没有宗教偏见，是梵社的重要成员，对子女非常关爱，是戈拉的精神导师。阿农多莫伊是戈拉的母亲，也是养母，任劳任怨。她生活阅历丰富，以自己的生活经历达到与波莱什先生思想差不多的高度，是严格遵守印度教传统教义的印度教徒家庭里的一个异类。克里什那多亚尔是戈拉的父亲，也是养父，严格遵守印度教传统教义的印度教徒，戈拉深受其影响。他在小说里出现不多，寥寥数语，便见其古板、教条的形象。哈兰先生是一个反面人物，梵社成员，是一个投机分子，仰慕英国文化，贬低自己祖国的文化。他为人刻薄，自视甚高，却又盲目狂妄，手段拙劣。对戈拉、比诺耶、苏乔丽塔、洛莉塔造谣中伤，效果却适得其反。

这部小说在艺术形式上具有鲜明的特色：其一是人物对话富有论辩性。人物性格的展开都是随着辩论进行的。人物的心理、神态、动作，几乎无不为辩论服务。就是文中的浓郁的抒情成分，也是为辩论服务的。例如

第二十一章开头部分，显然就是如此。论辩性的对话有助于揭示人物性格，刻画人物形象，反映人物的思想倾向及内心世界。也有人以为辩论色彩过浓，使得议论成分过多，影响故事情节的发展。其二是人物形象对比鲜明。正面人物之间的对比，如苏乔丽塔与洛莉塔、戈拉与比诺耶。戈拉与苏乔丽塔身上有着作者的政治图解的烙印，作为陪衬人物的比诺耶和洛莉塔身上，似乎更能体现出浓郁的印度时代生活气息。正面人物与反面人物之间的对比，如戈拉与哈兰之间。这种对比，使得戈拉的形象更加高大，而哈兰的形象更加猥琐。通过这样的对比，勾勒出一个个鲜活的人物形象。其三是细致入微的心理描写。泰戈尔很擅长心理描写，在《戈拉》中，更是达到炉火纯青的地步。如小说中戈拉在感觉到自己喜欢上苏乔丽塔之后、洛莉塔邀请比诺耶演话剧中的角色之后的心理描写，把他们那种激动不安而又略带羞涩的微妙心理惟妙惟肖地揭示出来。其四是优美的抒情格调。小说中时时可见的辩论，本身就伴随着强烈的抒情。在小说里，泰戈尔把抒情、叙述和论辩融为一体。作者把自己的满腔爱国热情灌注于所描写的人物和事件中，特别在表现人物内在的思想情绪时，泰戈尔更是充分发挥了抒情的才能，因而具有更加激动人心的力量。

《戈拉》是一部爱国者的颂歌，在印度享有极高的声誉。泰戈尔通过塑造戈拉的形象探讨印度的前途，并认为应该摆脱种姓制度的陋习。从戈拉身上可以看到印度资本主义激进派的进步性：爱国主义只有在克服封建意识的局限并面对现实的时候才能成为一种精神力量。

本篇节选自第五十七章，情节并不复杂，地点在苏乔丽塔家。先是戈拉找苏乔丽塔，两人谈话很是投机；后哈兰来找苏乔丽塔，破坏了戈拉与苏乔丽塔之间的气氛，情节发生转移，苏乔丽塔避开，哈兰与戈拉交锋。

戈拉犀利的、富于论辩的言辞在此有酣畅的表现，尤其是他与苏乔丽塔的谈话。他与苏乔丽塔谈话的言辞，犀利而有感召力，气势磅礴，有强烈的感染力量。甚至在整部小说里，这都是不多见的。而后来戈兰与哈兰先生的论辩，则避实就虚，不与哈兰正面回应，对哈兰的挑衅，总是三言两语，就让哈兰先生有力无处使。

节选部分的心理描写很有意思。听说戈拉来了，苏乔丽塔一下子慌张并紧张起来，“在镜子里照了照，对自己的穿着打扮很不满意，可是已经来不及换装了。所以她就用颤抖的手稍微拢了拢头发，整理了一下衣裳”，“她完全忘了桌上还摆着一些刚才读过的戈拉的著作，而且戈拉就坐在这张桌子对面的椅子上。这些书不知羞耻地呈现在戈拉的眼前，她既无法把它们掩盖，也无法把它们搬走”。面对戈拉，她有点胆怯，“好像没有勇气单独与戈拉坐在一起谈话似的”。但一旦进入论辩，苏乔丽塔的紧张与慌张都不见了，一个学识丰富、充满自信的形象便树立在了读者的面前，她“绞尽脑汁把全部精力集中于辩论”。尽管在辩论过程中，她总是惊奇于并震撼于甚至感动于戈拉的思想，可她也总是保持着自己独立思考的能力。

戈拉的心理活动也很有趣。他来找苏乔丽塔，其实心里还是有点矛盾的，想来又不想来。他与苏乔丽塔之间的感情，尚处在朦胧之间，虽已是心心相印，但横亘在两人之间的宗教思想问题没有解决，他也就一直不敢正视两人之间的关系，患得患失之情不时见诸内心的纠结之中。他去修行的原因，就是想要减轻对苏乔丽塔的思念而刻意要回避她；他入狱时，心中时时浮现苏乔丽塔的身影，“给他狱中生活带来一种深感自由无羁无绊的感觉”；出狱时，他见到波莱什先生时心里非常高兴，但高兴的根本原因却不是见到波莱什先生，而是狱中那些天来幻想中那个美丽女友。然而宗教观念的不同又使他十分痛苦，他在痛苦犹豫，在犹豫中前往苏乔丽塔家。

戈拉与苏乔丽塔相互感受着彼此的情感，却又囿于旧见不敢挑明，作者把这种情感的心理因素细腻地呈现出来，具有很强的感染力。

（杨修正）

戏剧

Rabindranath Tagore

邮　局

作品提要

阿马尔自幼父母双亡，被姑父收为养子。但阿马尔从小就身体虚弱，医生让他只能待在屋里。姑父和姑母严格遵守医生的嘱咐，每天只同意阿马尔在窗户边坐上一会儿。阿马尔在窗口看着来来往往的行人，他和卖酸奶的、哨兵、采花女孩以及游戏的儿童们愉快地交谈，人们都喜欢天真可爱的阿马尔。阿马尔从哨兵那里得知，国王新设了邮局，他告诉哨兵，自己长大了也想做个邮差。他看到村长，告诉他自己想收到国王写来的信。阿马尔的病越来越重，这时，村长来说国王给阿马尔写了信，还说会来看他，并派御医来给阿马尔看病。御医来了，打开了所有的窗口，阿马尔睡着了。

作品选录

第二幕

［阿马尔坐在房间里。

［卖酸奶的上。

卖酸奶的　酸奶啊！酸奶啊！又鲜又甜的上等酸奶啊！

阿马尔　啊，卖酸奶的！卖酸奶的啊！

卖酸奶的　为什么叫我啊，要买酸奶吧？

阿马尔　怎么买啊，我身边没有钱。

卖酸奶的　你这孩子，不买干吗耽误我的时间啊？

阿马尔　如果我能同你一起走，那我就走了。

卖酸奶的　同我一起走？

阿马尔 对,你从老远的地方一路吆喝着走来,使我的心活跃起来了。

卖酸奶的 (放下装酸奶的罐子)小少爷,你坐在这儿干什么呢?

阿马尔 医生先生不准我外出,所以整天我就坐在这儿。

卖酸奶的 小少爷,你怎么啦?

阿马尔 我不知道,我没有读过什么书,所以我不知道我怎么了。卖酸奶的,你从哪儿来?

卖酸奶的 从我们村子里来。

阿马尔 从你们的村子里来,你们的村子很远吧?

卖酸奶的 我们的村子在本杰莫拉山的山脚下,夏姆利河的岸边。

阿马尔 本杰莫拉山,夏姆利河,说不清楚,也许我看见过你们的村子,什么时候见过,却记不得了。

卖酸奶的 你看见过我们的村子?那山脚下你曾经去过吗?

阿马尔 没有,从来没有去过,但是在我的心里,大约我看见过。在很多古老的树下面就是你们的村子,就在红色大路的旁边,是不是?

卖酸奶的 你说得对,小少爷。

阿马尔 奶牛在那儿的山上山下吃草。

卖酸奶的 真是怪事,你说得完全正确。我们村子里有很多奶牛,就在山上放牧。

阿马尔 村子里的妇女都到河边来打水,头顶上顶着满满的一罐一罐的水。她们都穿着红色的纱丽。

卖酸奶的 啊,太好了,你说得真准!我们村子里的妇女都是河里打水。都穿着红色的纱丽,这倒不尽然。不过你一定是到那儿去游玩过。

阿马尔 我说实话,卖酸奶的,那儿我一次也没有去过。当然,如果医生先生允许,我在某一天能够外出,你能在那天把我带到你们的村子里去吗?

卖酸奶的 为什么不带你去呢,一定带你去啊!

阿马尔 你教我像你一样卖酸奶,我也要像你一样到远远的地方吆喝着卖酸奶。

卖酸奶的 我的天,小少爷,你为什么卖酸奶呢?你缺少什么呢?你读一本本的厚书后会成为有学问的人。

阿马尔 不,不,我决不会成为有学问的人。我从你们村子里买了酸奶,从那榕树下的红色大路出发,到很远很远的村子里像你一样卖酸奶,像你那样吆喝。啊,酸牛奶,酸牛奶啊,又鲜又甜的上等酸奶啊!你要用这样的调子教我。

卖酸奶的 唉,天哪,这也是什么值得学的调子!

阿马尔 是,是值得学,你用这种调子吆喝,我感到很高兴。就像听到从天尽头传来鸟鸣声后内心激动那样,听到你那从十字路口成行的树中传来的调子后我的内心真想啊,想什么?又说不出!

卖酸奶的 啊,小少爷啊,你吃点酸奶。

阿马尔 我身边没有钱。

卖酸奶的 别,别,别提钱的事。你吃我的酸奶,我感到非常高兴。

阿马尔 不是把你的时间也耽误了吗?

卖酸奶的 小少爷,没有耽误什么,我没有受一点损失。在卖酸奶中有多么大的乐趣,这我今天是从你这里才学到的。

[下。

阿马尔 (用悦耳的声音)啊,酸奶,酸奶啊,又鲜又甜的上等酸奶啊!本杰莫拉山下,夏姆利河边村子里的酸奶。在那儿,养牛的人在早晨的树下挤奶,傍晚时就凝成酸奶,是这个村子的酸奶。啊,酸奶,酸奶啊,又鲜又甜的上等酸奶啊!啊,哨兵来了。啊,哨兵,请听我一句话再走吧！

［哨兵上。

哨兵 你为什么这么叫我，你不感到害怕吗？

阿马尔 为什么？有什么事需要怕你呢？

哨兵 如果把你抓走了，那……

阿马尔 你把我抓到哪里去呢？抓到很远的地方，在那座山的那一边？

哨兵 如果把你抓走，直接带到国王面前，那……

阿马尔 国王面前？那就把我带走吧！不过医生禁止我走到外面去。没有人能够把我抓走，一天到晚我都不得不这样坐着。

哨兵 医生禁止你外出？唉，这样一来，你的脸就苍白了，眼睛下陷，而你全身的青筋也露出来了。

阿马尔 放哨的，你不敲锣吗？

哨兵 还没有到时间。

阿马尔 有人说，时间已经过了，有人说时间还没有到，你一敲锣，时间不就到了吗？

哨兵 哪有这种事。时间一到，我们就敲锣。

阿马尔 你的锣使人感到真好，听起来声音优美。中午的时候，当家里的所有的人都吃喝完了，姑父到什么地方去干工作去了，姑姑读《罗摩衍那》读着读着入睡了，我们的狗在院子的一角把头埋在尾巴里睡觉。这时你的锣声响了起来，当、当、当，当、当、当！你干吗敲锣呢，放哨的？

哨兵 敲锣最重要的是要说明：时间并没有停下，它一直是在运行的。

阿马尔 它运行到哪里去了呢？那是哪个国家呢？

哨兵 这谁也不知道。

阿马尔 谁也没有看见过那个国家吗？我真想跟着时间也到那个国家

去，现在那里的情况谁也不知道，而且隔得很远。

哨兵 孩子，那个国家是所有的人都得去的。

阿马尔 我也得去？

哨兵 肯定无疑。

阿马尔 可是医生却禁止我外出。

哨兵 可能有一天，医生会自己抓着你的手把你带去的。

阿马尔 不，不，你不了解他。他只是抓着人，而不会让人走的。

哨兵 那比他还要好的医生会来让他放手的。

阿马尔 我那好医生什么时候来呢？我不高兴一直坐着待在这里。

哨兵 孩子，别这么说。

阿马尔 是，我是一直都坐在这里。让我坐在什么地方，我就不从那个地方起身往外走。不过当你的锣声响起来时，当当当，那我的心就开始动起来了。好吧，放哨的……

哨兵 小少爷，什么事？

阿马尔 在马路的那边，一座高楼上正飘扬着旗帜。而那里很多的人来来往往，那是在做什么呢？

哨兵 那里建立了新的邮局。

阿马尔 邮局，那是谁的邮局啊？

哨兵 谁的邮局？那当然是国王的邮局呀！（内心在说）这是个很有趣的孩子。

阿马尔 国王的邮局里，信从哪里来的呢？从国王那里来的吗？

哨兵 对，对，为什么不是呢？你注意，也许有一天，有给你的信寄来。

阿马尔 有给我的信寄来？我现在还是孩子啊！

哨兵 国王很爱孩子，他给孩子们写很简短的信。

阿马尔 那倒是很有趣的，我什么时候收到信呢？不过，国王还会给我写信,你是怎么知道的?

哨兵 要不,他为什么在你窗子的前边,竖立起这面巨大的金黄色的旗帜,开设邮局啊!(内心自言自语)这个孩子显得多么可爱。

阿马尔 从国王那里来信,又是谁把信送给我啊?

哨兵 国王那里不是有很多邮差吗?你没有看到那些挂着圆圆的金黄色徽章的人到处奔走吗?

阿马尔 那他们奔走到一些什么地方啊?

哨兵 家家户户,东南西北!(内心自言自语)他的话令人可笑!

阿马尔 我长大后也要当国王的邮差。

哨兵 哈哈,邮差!可邮差得干很艰苦的工作,不管是天晴还是下雨,不管是穷还是富,得每时每刻给每家每户送信。这是件很重要的工作。

阿马尔 你为什么发笑啊!我觉得这件工作很好。不,不,你的工作也很好。中午不管是炽烈的阳光,还是刮热风,一直都得敲锣,当当当!有一天晚上我突然醒来睁开眼,听到在黑暗中响起锣声:当当当!

哨兵 你看,村长来了,现在我得溜走了。如果他看到我在和你谈话,那可有点麻烦。

阿马尔 村长在哪里?在哪里?

哨兵 现在还远,头上戴着用树叶编成的伞走来的就是村长。

阿马尔 是国王叫他当村长的吗?

哨兵 那不是,是他自己要干的。谁要是不服从他,他就紧紧纠缠着谁,那就别提了,所以大家都怕他。只是通过和大家闹对立来维持他的生计。那我现在走了,小少爷,我得去工作了。明天我再来,我要把全城的消息讲给你听。

［下。

阿马尔　如果每天收到国王一封信，那就太有趣了。我就坐在这窗前读信，不过我不知道如何读信，有谁读给我听呢？姑姑读《罗摩衍那》，她会读国王的信给我听吗？如果没有人读信，我就把信集中起来保存着，等我长大了以后再读。不过如果邮差不认识我呢？村长先生，村长先生，请听我说句话好吗？

［村长上。

村长　噢，谁呀？我走路是谁这样叫我呀？这是哪里的小猴子？

阿马尔　你是村长吧，大家都服从你吧？

村长　（高兴地）是，是，为什么不服从我呢？大家都很服从的。

阿马尔　国王的邮差听你的话吗？

村长　不听我的话他能活！有谁敢不听我的话！

阿马尔　你给邮差说一声，说我的名字叫阿马尔，我一直坐在这格子窗旁边。

村长　为什么，是怎么一回事？

阿马尔　如果有人给我写信……

村长　给你写信？谁给你写信呀？

阿马尔　如果国王给我写信，那……

村长　哈哈，哈哈，看这个孩子多蠢！哈哈，哈哈，国王给你写信！为什么不写呢，你是国王最要好的朋友呀！由于很长时间没有和你会面，国王不是着急得身子都消瘦了吗？现在不要太多的时间了，今天或明天信就要来了。

阿马尔　村长先生，你为什么这样对我说啊？你在生我的气吗？

村长　我的天啦，我岂敢生你的气！你和国王有信件往来，啊，看来马特沃的头脑大大地膨胀了。有钱了嘛，现在他的家里除了帝王的事情以外根本就不谈其他的话题了。且等一等，让他尝尝一点滋味。小家伙，你等着，我现在很快就安排好，让国王的信来到你的家里。

阿马尔 别，别，你别为这事操劳了。

村长 为什么？有什么事？我要把你的消息传达到国王耳朵里，然后他会很快给你写信的。为了了解你们的情况，他马上会派人来。不，由于马特沃很骄傲自满了，不等国王知道，国王就会治一治他的。

［下。

阿马尔 你是谁？你的脚镯丁丁当当响着，你往哪里去呢？不能停一会儿吗？

［小姑娘上。

小姑娘 我难道还有停下的空闲吗？时间已经晚了呢！

阿马尔 你心里不想停下来，我的心也不想在这儿坐着。

小姑娘 看到你，使我感到，你就像清晨的一颗孤星。告诉我，你怎么啦？

阿马尔 不知道是怎么了，医生禁止我外出。

小姑娘 那好，你不要出来，应该听医生的话，不要淘气，好吧，不然，人家都会说你是一个淘气的孩子。看到外边，你的心一定很羡慕，是不是？我来把你的窗子给关上，好不好？

阿马尔 别，别，别关上，在这里对我来说，其他一切都是关闭着的，只有这窗户是开着的。告诉我吧，你是谁？我不认识你。

小姑娘 我是苏塔。

阿马尔 苏塔？

苏塔 你不知道，我是这儿的园丁的女儿？

阿马尔 你干什么呢？

原文

苏塔 我采摘一篮一篮鲜花，编织一个一个花环，现在我正去摘花。

阿马尔 你去摘花吗？所以你脚上的脚镯显得这么高兴，你越走得快，你的脚镯就越丁当丁当作响。如果我能够跟着你一起去，我就会爬到那高不见顶的树枝上为你摘花。

苏塔 为什么不能呢？有关花的情况你比我知道得更多，是吧？

阿马尔 我知道，我知道得很多，我知道金芭和她七兄弟的故事[①]。我感到，如果大家都抛弃了我，那我就走到浓密的森林里去，那里谁也找不到通行的道路。在那细细的树枝上，念珠似的小鸟摇来摇去打着秋千。我在那儿变成金香木花开放，你就作为我的芭鲁尔[②]姐姐好吗？

苏塔 你的头脑真想得出奇，我不当芭鲁尔姐姐，我是苏塔，我是夏西园丁的女儿苏塔啊。我每天不得不编织许多花环。如果像你一样一直在这儿坐着，那多有趣！

阿马尔 那你一天还干什么呢？

苏塔 我不是有个男洋娃娃吗，还有小商人的女儿，我要给他们成亲。我还有一只猫咪米妮，跟她……不说了，我要走了，很晚了，我会采不到花的。

阿马尔 和我一起再谈一会儿吧，我感到真好！

苏塔 那好，那你别再淘气了，好吧，就像一个王爷在这儿坐着。我采了花回来的时候再和你说话。

阿马尔 那你会给我一朵花吧？

苏塔 我不能这么把花给你，得付钱的。

阿马尔 当我长大的时候，我就把钱给你。当我到泉水的那边去找工作的时候，我就把钱给你。

苏塔 那好！

阿马尔 那采花以后你会来吧？

苏塔　我来。

阿马尔　你会来?

苏塔　我会来!

阿马尔　你可别把我忘了,我名叫阿马尔,你记住了吧?

苏塔　我不会忘记,你等着吧,我记得的。

［下。

［几个孩子上。

阿马尔　小兄弟们,你们一伙都到哪儿去呀?到我这儿来一下吧!

孩子们　我们正去玩儿呢!

阿马尔　小兄弟们,你们玩什么呢?

孩子们　我们玩耕地呢!

一个孩子　(出示竹竿)你看,这是我们的犁。

另一孩子　(出示另一孩子)你看,我们两人当牛。

阿马尔　玩一整天吗?

孩子们　对了,我们玩一整天!

阿马尔　在傍晚的时候沿着河岸回家吗?

孩子们　对啦,傍晚的时候回家。

阿马尔　经过我们的家,好吗?

孩子们　你也去和我们一起玩吧?

阿马尔　医生禁止我外出。

孩子们　医生?你听医生的话吗?(彼此议论)走吧,时间已经晚了。

阿马尔　别走,小兄弟们,你们就在这儿,在我窗前的大路上玩吧,我也可以看着你们玩。

孩子们　这儿怎么玩呢?

阿马尔　你们看,我有多少玩具啊!你们都拿去玩儿吧,我一个人在家里没有心思玩儿。我的这些玩具白白地扔在那里，对我一点儿也没有用。

孩子们 太好了，太好了！多好的玩具哟！你看，这船，这个老太婆！小兄弟们，你看，这个士兵多好，这些玩具你都给我们吗？你不会难过吗？

阿马尔 不会，我一点儿也不会难过。我都给你们。

孩子们 我们不再还给你吗？

阿马尔 不还给我，没有还的必要。

孩子们 没有人生气吗？

阿马尔 没有人生气。不过，每天早上你们来到这窗子前面玩一会儿这些玩具。当这些玩具破旧的时候，我再给你们要来新的。

孩子们 那好，兄弟，我们每天都到这里来玩儿。（彼此议论）听，兄弟，让这些士兵站在这儿，我们玩打仗吧！不过，枪在哪里呢？对了，不是有根竹竿吗？我们把它折断后就可以做成枪！（对阿马尔）啊，你怎么睡着了？

阿马尔 对了，我太犯困了。不知道为什么我不时地打瞌睡，我坐得太久了，我不能再坐下去了，我的背都感到疼了。

孩子们 现在还是早晨呀！你为什么现在就犯困呢？你听，才响白天的第一遍锣呢！

阿马尔 是，才响白天的第一遍锣，当，当，当，它催我睡觉呢！

孩子们 那我们走了，明天早晨再来。

阿马尔 在走以前，回答我的一个问题吧，小兄弟们，你们生活在外边，你们认识国王的那个邮局的邮差吗？

孩子们 为什么不认识呢？我们跟他们很熟啊！

阿马尔 他们是谁？他们的名字叫什么？

孩子们 一个叫巴德尔，一个叫夏尔德，还有一些。

阿马尔 那好，如果有写给我的信，他们会认出我，给我送来吧？

孩子们　为什么不给你送来呢？信上不是写有你的名字吗？看了名字后，他们一定会送来给你。

阿马尔　明天早晨你们不是要来吗，那时你们也带一个邮差来，让他认识我。

孩子们　好，我们带一个邮差来。

（刘安武　译）

注释：

① 印度孟加拉地区流传的民间故事，金芭也是金香木花名。

② 芭鲁尔也是一种花名。

赏析

《邮局》共分三幕，给观众和读者留下深刻印象的，首先是主人公少年阿马尔。这里所节选的第二幕，充分表现了少年阿马尔的纯真、可爱的性格特点。阿马尔热爱大自然，在他眼中，人们终日生活其间、再平常不过的自然世界是美丽而生机勃勃的，即使没有去过卖酸奶人的村子，他也能想象出成群的奶牛在山上吃草，村子里的妇女都穿着红色的纱丽到河边打水，头顶上顶着满满的一罐一罐的水。卖酸奶人枯燥的叫卖声，也让阿马尔觉得充满乐趣，他的快乐，感染着卖酸奶的人，使其快乐地开始自己的生意。园丁女儿丁当作响的脚镯和窗外孩子们游戏时的笑声，让阿马尔随着他们的笑声而展露笑容。阿马尔只能待在屋里，他生活的世界是狭小、封闭的，园丁的女儿会很同情地问他："看到外边，你的心一定很羡慕，是不是？"阿马尔的幻想天地和内心世界是无限而美好的，"那我就走到浓密的森林里去，那里谁也找不到通行的道路。在那细细的树枝上，念珠似的小鸟摇来摇去打着秋千。我在那儿变成金香木花开放……"阿马尔对外面多彩的世界充满想象,他幻想着长大后能成为国王的邮差,带着信(即希望)奔走到家家户户、东南西北。他对村长说想得到国王写的短信,村长认为他的想法是愚蠢的,口是心非地答应要让这个想法传到国王那里。在纯净、自然的阿马尔这个形象的塑造上,泰戈尔显露出自己天性中的天真气质,也展现出诗人非凡而浪漫的想象力和写作功力。

作为戏剧,《邮局》把舞台艺术表现和开放的剧本蕴含内容有机地结合起来,给观众带来无限的戏剧观赏享受。以坐在窗前静止不动的阿马尔为中心,窗外展现的人物、故事、场景却是流动变化的,这种静与动的对比,在舞台演出时形成了一种生动活泼感,同时也暗示了人物所处环境与丰富的内心世界之间的矛盾。有评论者认为《邮局》是泰戈尔最优秀的剧本,这部戏还在欧洲演出过。

这部戏剧所隐含的象征意义,也给读者和观众留下了深刻印象。泰戈尔在给朋友的信中,谈到《邮局》时说:“阿马尔代表着那个灵魂接受了宽阔道路的召唤的人——他从那些谨慎持重的人所认可的习惯势力的舒适的包围中,从由德高望重的人所建立起来的僵死的观念的围墙中寻找自由。”很明显,阿马尔象征着被束缚的人性。人性天生是自由的,是不能封闭的,阳光,草地,山间林中自由的风等都是人所向往的。同时,作者用阿马尔的“少年”形象象征着人类心灵中最初的纯真和对世界最质朴的热爱。剧本中还有其他一些象征意象,如姑父象征着世俗中的智者,他们认为不安分守己是致命疾病的标记,而给阿马尔看病的、满口背着医典上的语录的医生,象征着既定秩序的维护者和执行者等。剧本中最后出现的御医和没有出场的国王(以及国王的信)象征着人性束缚的解脱者。象征是泰戈尔在戏剧创作中常用的手法,在其他戏剧中也多有表现。

(张　玮)

摩克多塔拉

作品提要

这天,巫多尔古特的居民们正准备举行仪式,庆祝皇家技正比菩提花了二十五年时间修建的机器完工。国王想以此机器,控制西布特拉伊地区人民的水源,让他们臣服于己。比菩提想通过修建这样的机器来显示自己是一个可以和天神作斗争的人。太子阿比吉特反对修水闸,他不愿意看到水闸成为两地人民纷争的焦点,也不愿看到无数工人失去性命。太子是国王在摩克多塔拉边捡到的孩子,国王听信法师所说的在这孩子身上发现为转轮王的异相,把他作为太子抚养长大。太子同情西布特拉伊地区受苦的人民,减轻赋税,还打通山路促进通商。在庆祝仪式前,国王派人囚禁了太子。西布特拉伊的塔南乔耶也带领民众赶来参加盛会,他们想通过非暴力的形式,让国王放弃水闸,还水于人民。黑夜来临了,太子逃出监禁,在水闸上找到了罅隙,摧毁了机器,摩克多塔拉又成了自由奔流之水,它也带走了太子。

作品选录

[一个异乡的旅客带着献神的供养上。他向巫多尔古特的市民询问。

旅客 请问,那个插在天空里、又高又大的东西是什么呢?看来怪可怕的。

市民 你连那个都不晓得?大概你是个外乡人?那是机器。

旅客 机器?什么机器?

市民 我们的皇家技正比菩提花了二十五年的工夫修造的机器呀!如

今，总算完工了。今天是举行庆祝大会的日子。

旅客 那机器有什么用处呢？

市民 把摩克多塔拉的水源闸住。

旅客 哎呀！它简直像个阿修罗[1]的骷髅头，没有血，没有肉，颧骨高耸，露着锐利的牙齿。它站在天空，张开大嘴，日日夜夜窥伺着你们巫多尔古特这座酣睡的城市。你们这些活生生的人啊，眼看着就会像一段枯木似的凋萎、僵硬、失掉生机啦。

市民 我们精力旺盛，不是那么容易被毁灭的，你倒不必替我们担忧。

旅客 也许是这样吧。不过，那样的怪东西真不适宜在太阳和星光之下出现，隐藏起来会更好些。你还看不出来它好像惹得整个青天日夜都在生气吗？

市民 那么，你今晚不到庙里去看燃灯大祭了吗？

旅客 正是要看燃灯祭我才到这里来的。每年在这个季节里我都前来瞻拜湿婆大神，可是，我却从来没有看见过庙宇上面的天空竟被这个怪物塞得黑压压地透不过气来，今天，突然看见了这种景象，我感到一种无名的恐惧，我的全身战栗。它狂妄地压低了庙顶，那是对神的不敬。我现在就去献上我的供养，可是我却失去了喜悦和宁静的心情。

［一妇人上。她头上蒙着一条雪白的披肩，遮盖了全身，一直拖到地面。

妇人 苏曼！我的苏曼！（向市民）伯伯，你们全都回来了，可是我的苏曼一直到现在还不曾回来啊！

市民 你叫什么名字？

妇人 我是周奈村的安巴。他……他是我眼睛里的光亮，我生命中的呼吸，我的苏曼。

市民　他怎么啦？小姑娘！

安巴　他们把他带走啦——我不知道他们把他带到哪里去了。我到庙里去礼拜湿婆大神，等我回到家里，他们已经把他带走啦。

市民　我想他们一定是把他捉去修筑摩克多塔拉的水闸去啦。

安巴　我听说他们是从这条路上把他带走的，一直带到古里峰的西边——远哪，远得我都看不见了，而且，我也看不见那边有路啊！

市民　光是哭哭啼啼的有什么用处！我们正要到湿婆庙里去看燃灯祭。今天是我们的大节日，你也跟我们一块去吧！

安巴　不，伯伯，那天我也是到庙里去礼拜湿婆大神的啊！从那天起我就怕去献上我的供礼了。听，我告诉你们：我们的祈祷、我们的供养，从来没有到达我们的天神，我们的父亲的身边，在半路上就被人抢去了。

市民　谁把我们的祈祷抢去了？

安巴　把苏曼从我的怀里抢走了的那个人。到现在我还不知道他是谁。苏曼！我的苏曼！我的孩子苏曼啊！

［全下。

［巫多尔古特的太子阿比吉特派遣的一位使者上，他要见皇家技正比菩提，比菩提正向湿婆庙那边走去，这时使者、比菩提相遇。

使者　比菩提老爷！太子特意派我前来见你。

比菩提　他有什么吩咐？

使者　这些年来你一直努力修建水闸，想把我们的摩克多塔拉水源闸住。可是，它一次又一次地崩溃了，无数的生命埋葬在崩坍的泥沙里，无数的生命被湍急的奔流卷得无影无踪。今天，到底——

比菩提　他们的性命并没有白白地牺牲，我的水闸总算完工了。

使者　可是，西布特拉伊的居民直到现在还没有听到这个消息。他们决不会相信有谁能够把天神赐给他们的水源控制住。

比菩提 天神赐给他们的只是水，但是赐给我的却是控制水的能力。

使者 他们安心地生活着，他们绝没有料想到会有什么灾难来临。他们还不知道一个星期之后，他们的肥沃的田地……

比菩提 你怎么和我谈起他们的田地来了？他们的田地和我有什么相干？

使者 怎么？你修筑水闸的目的不就是为了——为了让他们的田地干裂，谷物旱死吗？

比菩提 不是的。我的目的只是想要证明人类的智慧能够战胜那些在他们的周围摆着阵式的泥沙、岩石和水流的威力。我没有闲工夫考虑什么农民的玉蜀黍田的干旱和损失。

使者 太子问你，难道现在还没有到你应该考虑的时候吗？

比菩提 是的。我默想的是那机器的伟大威力。

使者 那饥饿的哭唤竟不能打破你的沉思？

比菩提 不！洪水的怒涛冲不毁我的水闸，眼泪的压力也不会使我的机器颤抖。

使者 你不害怕诅咒？

比菩提 诅咒！你看，当我们在巫多尔古特征调不出劳工的时候，我们奉了国王的命令，到钱德帕德纳地区，挨家挨户地把十八岁以上的青年男子全都抓了来。他们有许多人再也不能回到他们家里去了，可是，我的机器却在千万个孩子的母亲的咒骂声中胜利完工。一个和天神的威力作斗争的人，人们的诅咒他何曾理会？

使者 你已经为你的声誉建立起纪念碑，这荣耀完全归于你自己。现在，王子吩咐你，要你自己把亲手建起的荣誉的碑石打碎，它会带给你更伟大的声誉。

比菩提　当那个纪念碑还不曾完工的时候，它只属于我自己；现在，它是整个巫多尔古特的财产，我已经没有毁坏它的权力。

使者　太子说，他自己要行使这种权力。

比菩提　什么？巫多尔古特的太子竟会说出这样的话吗？他莫非不是属于我们的？难道他是西布特拉伊的人？

使者　他说：巫多尔古特不仅仅是机器统治的王国，那里还有天神，他要证明这一点。

比菩提　在机器的神奇的威力面前，天神会自动退避三舍。这，我个人就可以负起提供证据的责任。告诉太子，在我那机器的铁掌中，我并没有留下任何可以从它掌心里逃脱的道路。

使者　毁灭之主却不是常常只在大路上巡行的呀！人们肉眼看不见的漏洞和罅隙在悄悄地等待着他的光临呢！

比菩提　（吃惊地）罅隙！你说什么？你知道什么罅隙？

使者　我怎么能知道呢？那个需要发现它的人，他一定会知道的。

［使者下。

［巫多尔古特的市民们上，他们正要到庙里去参加庆祝大会。他们发现了比菩提。

市民甲　喂，大技正！你真能干！什么时候你偷偷一溜，就跑在我们前面来了？喏！我们连晓得都不晓得呢。

市民乙　这是他的老习惯！他总是悄悄地一步一步向上爬，你还没有注意呢，他却赶过别人去了。他就是我们查布瓦村里的秃头比菩提呀！我们常常一块儿去上学，我们也常常一齐被我们的老师凯拉斯拧耳朵。可是，现在他可把我们都给丢在后面了，并且作出这样惊天动地的大事情，真是了不起！

市民丙　嘿，哥伯瑞！你拿着花篮、张着大嘴、呆呆地站在那里干什么啊？莫非你从来没有见过他？把花环拿出来，我来给他戴上。

[他们给他套上花环。

比菩提 算啦，算啦，够啦……

市民丙 什么？够啦？不行。你忽然变成一个伟大的人物了，你的脖子要是能够一下子长得像骆驼那样长该多好！整个巫多尔古特的人们都来向你的长脖子上套花环，一直埋到你的鼻子尖，那才合适呢。

市民乙 我说，老弟，哈里斯那个打鼓佬怎么直到现在还不见他露面呀？

市民甲 那个懒骨头！非得把他脊背的皮肉当作鼓敲打一通，才算……

市民丙 瞎讲这些做什么！要是单讲打鼓的话，他的手可比我们有劲儿。

市民丁 我本来想：我们今天应该把比沙伊·塞孟特的彩车借来，让我们的比菩提坐在里面出去巡行一番，可是，今天就是连国王也必须步行走到庙里去。

市民戊 你倒是做对了。塞孟特的车子呀，简直是"达沙罗特[②]"！在路上走着走着它就破成十辆车了。

市民丙 哈！哈哈哈！"达沙罗特"！我们的伦布有时候说话可真俏皮。"达沙罗特"！

市民戊 不是开玩笑。我儿子结婚的那天，我借用过他那辆彩车。嘿，我拉它的时候比我坐它的时候还要多得多！

市民丁 让我们这么办吧！我们把比菩提抬到庙里去。

比菩提 哎！你们干什么，你们干什么哪！

市民戊 没有什么，没有什么，应该这么办。你虽然生长在巫多尔古特的怀抱里，可是，如今你已经骑到巫多尔古特的脖子上去了，你的头、你的肩膀当然也非得比一般人突出不可了。

［他们把木棒捆好搁在肩上，把比菩提抬了起来。

众市民 （欢呼）皇家技正万岁！比菩提万岁！

（合唱）嗨！机器！嗨！机器！我们向你鞠躬，膜拜，顶礼！

你的机轮不停地发出庄严的轰鸣，
天上震耳的雷霆也羞惭地向你致敬。
你可怖的巨齿咬穿了世界万物的胸膛，
你鹰隼似的利爪撕破了大地的心脏——
　攫出散布在地心中的矿藏。
你的烈焰如千百攻坚摧固的炮火，
具有销熔钢铁，粉碎岩石，撼山摇海的力量。
有时你臃肿如土丘，高峻像杉木，难移如砖墙，
有时你轻如掠过大地，闪在海洋，飘在空中的一缕浮光。
你统治世界的魔术家机器哟！
我们向你膜拜，鞠躬，顶礼！

［国王罗那吉特和大臣从帐篷所在的那一方向上。

罗那吉特 你从来就没有能够把西布特拉伊的人民制服过。现在到底还是由比菩提借着控制摩克多塔拉的水源，找到了一个迫使他们驯服的方案。可是，你呢，好像并不十分热心。你是妒忌他吗？

大臣 不，请陛下原谅。我们的职责并不是拿着斧子、铲子与泥土和岩石作斗争。我们的工具是政治，我们交往的对象是人们的心灵。我曾经提出过派太子去治理西布特拉伊的建议，太子与当地人民之间的感情的牢固联系，实际并不弱于摩克多塔拉钢铁水闸的力量啊。

罗那吉特　可是结果如何？拖欠两年的租税！西布特拉伊过去也曾经常闹严重的灾荒，可是却从来没有人拖欠过皇家的租税。

大臣　太子正为陛下获取比租税更有价值的东西。可是，正在紧要关头，陛下却把他召回来了。要知道治理一个国家，对于广大的群众决不应该忽视。陛下必须记住：在忍无可忍的情况下，痛苦的力量会逼使这些下等的顺民不顾一切地抬起头来。

罗那吉特　你的政治论调总是时时在变换。你曾经不止一次地告诉我，国王统治人民应该像骑士管束他的马匹——骑在它的身上，给它以压力，就会占优势；统治异族人民尤其需要采取高压手段。你没有说过这样的话吗？

大臣　是的，我曾经这样讲过。当时的情况不同，在那种情况下，我的建议是合理而又及时的。不过，现在……

罗那吉特　我简直一点儿也没有把王子派到西布特拉伊去的意思。

大臣　为什么呢？陛下。

罗那吉特　那里的人民不是我们自己人，我们如果过分和他们接近，他们就会不怕我们。我们或许可以用情感赢得自己的人民，对于异族只有用恐怖使他们永远畏惧我们。

大臣　陛下，你忘掉把太子派到西布特拉伊去的真正原因了。因为太子不久以前似乎精神十分不安，我们怀疑太子对于自己的身世也许从旁了解了一些真情——他并不属于皇家血统，而是从摩克多塔拉瀑布脚下捡来的弃儿。为了使他忘怀……

罗那吉特　对于这一切我完全明了——最近他差不多每天夜里都跑出去独自躺在瀑布脚下。当我听到这个消息的时候，有一天夜里我在瀑布脚下找到了他，我问他："阿比吉特，这是怎么回事？你为什么要到这里来呢？"他说："在这瀑布冲击的水流声里我听到了母亲的声音。”

大臣 我也曾经问过他到底是怎么啦，为什么在皇宫里总看不见他？他说：“我得到启示，我是为开辟道路才来到世界上的。”

罗那吉特 我现在对于这个孩子将来会成为一个伟大帝国的统治者的预言，可完全失掉信心了。

大臣 说这个预言的可是陛下的太师的太师阿毗罗摩斯瓦弥啊！

罗那吉特 他准是算错了。我捡来这个孩子，我所得到的只有损失。为了制止西布特拉伊的毛织品到外地市场销售，从我的祖父执政时起一直封锁着南迪山口。现在阿比吉特把那条路开放了，我们巫多尔古特的粮食和布匹的价格一定要高涨了。知道吗？

大臣 太子还年青，不是吗？他只是站在西布特拉伊的立场上……

罗那吉特 但是，这是对自己人民的叛逆行为！还有那个西布特拉伊的苦行者叫做什么塔南乔耶的坏家伙，专门干那惑乱人心，到处挑起不满情绪的勾当。我相信这件事里面一定也有他。现在非要把他脖子上挂的念珠勒紧，惩办他一下不可了。我要逮捕他。

大臣 我没有胆量来反抗陛下的意旨。可是，陛下知道，在风暴将起，四方孕育着灾难的时期，放任比压制来得安全啊。

罗那吉特 在这方面你倒不必担心。

大臣 我不是要担忧，我是希望陛下多加考虑。

［禁卫上。

禁卫 陛下，摩罕格尔的维斯瓦吉特皇叔驾到。

罗那吉特 好，又是一个！这个把阿比吉特教坏了的罪魁！唉！一个离心离德的亲属简直等于驼子背上隆起的驼峰，永远粘在背后，你想甩可是甩不掉，背着又真麻烦。啊，那是什么声音？

大臣 那是湿婆大神的信徒们在绕寺游行。

原文

［信徒们歌唱上。

信徒们 （唱）

湿婆，湿婆大神啊！
你的无情的烈焰
刺穿了黑暗的心脏，
惊动了荒凉的火葬场。
你的雷霆宣示了真理，
惩罚了邪恶与不义。
愤怒的湿婆大神啊，
你引领我们渡过死亡的海洋。

［众下。

［罗那吉特的叔父摩罕格尔的大王维斯瓦吉特上。他须发皆白，穿白色衣，裹白色头巾。

罗那吉特 叔父，我向您致敬。你居然肯赏光来参加我们为湿婆大神举行的祭祀大典，这真是我意想不到的荣幸。

维斯瓦吉特 我特意来告诉你：湿婆大神决不会领受你的供养。

罗那吉特 你的这种恶意的诅咒，对于我们今天的节日简直是……

维斯瓦吉特 节日？有什么值得庆祝的呢？为了解除世间众生的干渴，众神之神从天堂把自己水罐里的水倒下来。那川流不息、一泻直下的自由奔腾的活水，你们为什么把它监禁起来？

罗那吉特 为了控制敌人。

维斯瓦吉特 你就不怕与全能的湿婆大神为敌吗？

罗那吉特 湿婆大神就是我们巫多尔古特的保护神，我们的胜利也就是他的胜利。因此他加入我们的阵营，把自己的恩赐收回了。他要用饥渴的长矛去刺穿西布特拉伊的胸膛，使它俯伏在巫多尔古特的宝座之下。

维斯瓦吉特 那么你的供养并不是对神的礼拜，只是付给雇工的工钱！

罗那吉特 叔父，你，你和异邦人是同党，你是自己人的仇敌。阿比吉特也因为受了你的调唆不忠于自己的国家而失职。

维斯瓦吉特 受了我的调唆？我从前难道不是你的同党？在钱德巴特纳，那次由于你的高压而惹起的大暴动，不是我用无情的屠杀把叛乱镇压下去的？后来，不知道什么时候阿比吉特那个孩子来了，占据了我的心，并且给我带来了光明。于是我才发现我在愚昧无知里盲目杀害的人们的确是我自己的血肉。你呢，是因为听了阿毗罗摩斯瓦弥在他身上发现了转轮王的异相的预言才收留了他的啊！这样的人，你想你能够把他捆绑在你的那个巫多尔古特的小小的宝座上？

罗那吉特 他是从摩克多塔拉瀑布下面捡来的孩子，我想，一定是你把这件事告诉了他的吧？

维斯瓦吉特 是的，是我。是在灯节那天，他在我的宫里做客，黄昏时分，我看见他独自站在阳台上凝望着古里高峰出神。我问他："孩子，你在看什么？"他说："我在端详着道路，那现在尚未开辟、蜿蜒在不可攀登的高山上的未来之路——那使遥远变为邻近的道路。"我一边在听一边在想：是那样一个斩断了家庭羁绊的母亲把他生在摩克多塔拉瀑布脚下的，有谁能够把他关在家里呢？我不能保持缄默了，我忍不住对他说："孩子，你是生在路边的，从你降生起，这山林的主宰就欢迎你到四通八达的道路上来，那家庭里的红纹法螺并没有呜呜地吹着招呼你回家去。"

罗那吉特 我终于明白了。

维斯瓦吉特 明白什么？

罗那吉特 正是因为听了你的话，阿比吉特对于巫多尔古特皇家的感情便渐渐淡漠了。他打通了南迪山口的道路就是这种淡漠与疏远的公开表示。

维斯瓦吉特 那又有什么关系！一条路要是打开了的话，就变成大家的了——既是巫多尔古特的，也是西布特拉伊的。

罗那吉特 叔父，你是我的亲族，又是我的长辈，因此我一直忍耐着。不过，我再也不能忍受了，你是你自己人里面的奸细、叛徒！我命令你马上出境，离开这国土！

维斯瓦吉特 不过，我可决不能丢开你不管，你们如果舍弃我，那么，我将忍耐。

[维斯瓦吉特下。

（石　真　译）

注释：

① 阿修罗，魔鬼。

② 达沙罗特，十车王，印度史诗《罗摩衍那》中英雄罗摩的父亲的名字。此处是用作形容车子太破旧的俏皮话。

赏析

《摩克多塔拉》没有分幕，也没有分场次，以庆祝仪式当天时间发展为线索，围绕人们对待机器——水闸两种不同态度来展开情节。此处节录了剧本开始部分的一段内容，读者从中可以了解故事的由来、人物之间的关系和主要人物的性格特点等。

从选录的作品部分，读者可以感受到《摩克多塔拉》中人物多而琐碎，着墨较多的人物是太子阿比吉特、国王罗那吉特等人。这里，太子并没有出场，从其他人物的对话中，读者从侧面了解到太子的身份、性格和政治主张等。太子是国王从瀑布边捡来的孩子,因此,他到底属于哪个王国,是何种姓等问题都无法求证了,因为法师说他有转轮王的异相,才被国王收养为太子。太子的身份未知性也表明了他是属于民众的,他的“异相”也暗示了从一开始,他与国王就不会有同一种想法。如对西布特拉伊赋税、通商等事情的态度,他就按照自己的主张行事。即使国王支持修建水闸,太子也宣告说:“巫多尔古特不仅仅是机器统治的王国,那里还有天神。”太子要用自己的能力还以瀑布之水为生的人民以公平和正义。最后,太子用自己的生命,实践了自己的诺言——他所失去的生命不仅换来了瀑布的自由,也唤醒了民众对自由的追求。

可以把剧中人物划分为以国王为核心的和以塔南乔耶为核心的两个阵营。(选文中没有涉及塔南乔耶的内容,概括来说,他号召人民用非暴力的形式来对抗国王的暴政。)国王罗那吉特认为暴力是维护政权稳定的唯一方式,他血腥地镇压叛乱,用高压手段向领地人民收取赋税。他不惜一切人力、物力支持修建机器水闸,只是把它当作控制敌对势力的、威力无比的一个武器。作为国王,他有高明的统治手段,他利用比菩提展现创作能力的欲望,让他去造机器,激起群众盲目的热情和对敌对方的仇恨;他堵住西布特拉伊地区通往山外的道路,也就堵住了当地人们走向繁荣的道路,让其成为任巫多尔古特剥削的粮食生产地,但是,他却假惺惺地说要接济当地人民,来蒙蔽他们。在与国王相对的人民阵营中,塔南乔耶号召人民以非暴力的形式反对暴力。群众惧怕国王,塔南乔耶认为畏惧的原因是因为群众“心里寓有伤害的意念”,而他说自己“从没有想到使用暴力,我也就不知道什么叫做害怕。心怀杀机的人,一定会被恐惧所吞噬”。他号召人们不要迷信国王的权威,“如果王位只属于国王一个人,而不属于人民”,“当比神更高的神允准了你们的要求的时候,国王的驱赶只能赶走国王”。

这个剧本创作于 1922 年,被认为是泰戈尔的所有戏剧中,政治思想蕴含最为深刻的作品。摩克多塔拉的意思是自由的瀑布或自由的激流，在剧中被大机器所钳压。大机器象征着庞大而严密的统治机器，制约了印度人民的自由。剧中的国王、太子、塔南乔耶等人分别象征了印度当时的政治人物。结合剧本创作的时代背景，这个时期，正是甘地领导印度全国人民进行非暴力和平斗争时期，剧中号召人民行使权力和非暴力的斗争方式的塔南乔耶，正是甘地的象征。国王的残暴统治和利用先进机器来剥削、分裂人民，正是英国殖民统治者的象征。太子是从自由瀑布边捡到的孩子，他的身世、背景不清楚，但剧中隐含着其出身于社会底层，他的思想和行动，代表了广大的人民和人民的意志。

剧本采用人物对话的方式来交代故事背景，推进情节发展。剧本中作者过于明显的创作意图，削弱了作为戏剧的舞台表现力。如，人物庞杂，多是以群体形式出现，在舞台有限的表演空间里，无法表现出群众力量的坚实和伟大。在剧本中，虽然读者可以从时间的推移中看到故事发展脉络，但是观众从舞台表演上，无法从无幕、无场的构成中，分辨出戏剧表现中心的转移。总的来说，作为一部政治象征剧，这是一个含义深刻的剧本；作为一部戏剧，它缺乏足够的戏剧性。

（张　玮）

散文

Rabindranath Tagore

鸦片——运往中国的死亡[①]

为牟取暴利,强迫整个中华民族吸毒,如此残忍的强盗行径,真是旷古未闻。

中国含着眼泪说:“我不吸鸦片。”

“不行!”英国商人捆牢中国的双手,炮口对准她的胸膛,把鸦片塞进她的嘴里,说:“你吸了鸦片了,付钱吧!”

多少年来,英国人在中国进行这种史无前例的贸易。中国不愿意要的东西,硬塞进她的口袋,同时从她的另一个口袋掏走白花花的银子。这种赚钱的方法,若不称为抢劫,而称为贸易,那不过是披一件漂亮的外衣罢了。

英国坐在亚洲最大的文明古国的胸脯上,把病菌似的毒品一点一滴注入她健全的肌体和灵魂,推着她走向死亡。一个强国向一个弱国出售死亡、出售毁灭,一方获取暴利,另一方损失惨重!

读完关于鸦片贸易如何进入中国的文章[②],心肠似铁的人也会对中国产生同情。读了有关战争中残杀和迫害的报道也不会这么难受的,战争描写不过让人心里惊恐罢了。在中国的鸦片贸易中,隐藏着龌龊卑鄙的动机,其中阴暗的偷窃心理比抢劫还要可恶。读了那段历史,不由得义愤填膺。

1780 年,东印度公司两艘载有鸦片的商船行至澳门附近的大鹏湾。当时,鸦片还不是广为流行的毒品。以前中国仅进口二百箱鸦片作为药用。1781 年,二千八百箱鸦片进入中国,但没有顾客购买。东印度公司的唯一目的,是在中国扩散鸦片的罪恶。英国人一旦打定主意,必然付诸狡猾奸诈的行动。他们施出浑身解数,一步步实现自己的目的。

1799 年，中国清朝政府不得不颁布法令，禁止进口鸦片。然而，英国商人照样非法走私鸦片。合法也罢，非法也罢，采取公开手段也罢，还是贼一样的秘密手段也罢，东印度公司处心积虑要让中国的平民抽鸦片上瘾。

眼看走私鸦片激起公愤，英国商人把运鸦片的货船从大鹏湾转移到胡邦亚。清朝政府为防止外国商船把鸦片运到胡邦亚，曾严令在香港的商人交付抵押金。清朝政府还发布通告，运鸦片的商船不得在那儿停泊，否则担保的商人将受到惩处。但三令五申，收效甚微。

1821 年，广东巡抚采取严厉措施，制止走私鸦片，严正要求英国、葡萄牙、美国商人立即停止这种卑劣的商务活动，停止腐蚀清朝官员的勾当。

东印度公司的商船从胡邦亚转移到伶仃岛，与附近运输鸦片的船队汇合，在中国沿海游弋，寻找秘密通道，继续从事非法贸易。英国商人千方百计贿赂清朝官员，把鸦片输入中国内地，使众多的中国人染上烟瘾。德国传教士克利斯特里卜的文章中写道：统治印度的英国殖民政府想方设法勾引中国人违反本国法令，诱惑上层官员腐化堕落，这可以说是绝无仅有的。

1838 年，清朝政府实行新的禁烟措施。鸦片走私的日益猖獗，激起了一场席卷全国的爱国运动。道光皇帝得知鸦片毒害百姓，降旨封林则徐为钦差大臣，前往广东禁烟。林则徐派人收缴停泊在港口的商船里的鸦片，放火销毁；中止与英国的贸易往来，限令东印度公司的商务官员离境。这引发了鸦片战争。

战争的结果是众所周知的。中国战败，被迫签订和约，对英国开放五处通商口岸。英国攫取了香港，索得两千一百万银元的赔款。英国政府假惺惺表示：中国可以没收一切非法商品。同时以各种借口使鸦片不被纳入非法商品之列。可是它的诡计被识破了。中国的钦差大臣请求英国全权代表璞鼎查爵士协助把鸦片从英国的出口商品中剔除出去,他阴沉着脸说:好的,贵方若发现商船装载鸦片,只管扣押,我们并不反对,但我们无法给予协助。他明明知道,运鸦片的船只配备精良武器,怯弱的清朝官员是不敢动武的。于是,在软弱无能的清朝政府的眼皮底下,鸦片走私依旧畅通无阻。

中国人对外国商人一再违反中国法律极为愤慨,暗中筹划消灭黄毛洋鬼子的行动。围绕中国广东水师扣押“亚罗号”英国商船的事件,中英之间爆发了第二次鸦片战争。这次法国和英国组成了联军。

中国不幸再次战败,被迫对英国、法国开放七个港口。鸦片不再是禁运商品,只需缴纳一定数量的关税。中国方面多次提出征收重税,但英国置若罔闻。

《天津条约》签订之后,鸦片堂而皇之地在中国市场上销售。1875年,输入中国的鸦片达九万箱之多。千百万中国人吸起了鸦片。如同我国谁家来了客人,请客人抽水烟,中国的阔佬和富商会见来宾和同行,总是先请他们抽鸦片提精神。街上烟馆随处可见,光是南京城据说有两千七百家为穷人开的烟馆。有的人抽得晕晕乎乎,白天有气无力,晚上才点着火把劳动。凡是鸦片泛滥的地方,饥荒最为严重,其原因,一是烟民身体十分虚弱,干不动活儿,二是大量耕地种植罂粟,生产粮食的农田锐减。以至于发生饥荒,有钱也买不到粮食,人们才明白鸦片填不饱肚皮。

中国人体质每况愈下。1832年,一千名官兵派去镇压起义军,其中二百名抽鸦片的士兵孱弱不堪,半途就被送回去了。起义的人个个憎恨鸦片,官兵屡屡败在他们的手里。

中国的有识之士尖锐地说,英国商人大肆贩卖鸦片,是出于轻易地征服中国的险恶用心。1872 年,中国进口八千零二十六万一千三百八十一磅鸦片,支出一笔多么惊人的资金！烟鬼大都道德沦丧,卖儿鬻女,逼迫妻子卖淫,甚至铤而走险,拦路抢劫。一个吸鸦片的人说,鸦片的罪恶,罄竹难书,罄海水难洗！

就这样,一个国家为牟取卑鄙的利益,满足对金钱的无限贪婪,迫使拥有亿万人口的中国,在政治、健康和社会道德诸方面走上了下坡路。英国人根本不讲什么道义、什么责任、什么良知,只有敛财的强烈欲望,这就是十九世纪他们的基督教文明！

中国人听了基督教牧师布道,不禁怒火中烧。他们能不愤怒！有一回一个美国牧师到了开封,被聚集的人群赶出城外。他们气愤地对他说:“你们杀害了我们的皇上,烧毁了王宫,送来毒品,把我们推上死路。你们还有什么脸来传播教义！”

一个英国人在佛山参观烟馆,一位抽鸦片的对他承认,他十分之八的收入抽鸦片抽掉了。末了愤愤地对英国人说:“你是从英国来的,一定也做伤天害理的鸦片生意啰！哎,我问你,你们的女皇是个坏女人吧？我们给你们上等的茶叶、丝绸,可她送来的是害人的毒药！”这就是普通中国人对英国的看法。

由于鸦片贸易,中国人对洋人产生了不信任感。他们甚至不愿修筑铁路,生怕鸦片涌入内地。除了铁矿、煤矿,中国清朝政府不愿着手开发其他大型矿区,也害怕雇佣外国雇员和随之而来的大批洋货。

中国清朝政府可以征收数额可观的鸦片税,然而中国对洋人合掌说道:“不必假仁假义地布施了,把你的狗唤回去吧。”

当英国谈判代表璞鼎查无理要求鸦片不列为查禁商品的时候,道光皇帝说道:“朕深知禁烟决非易事。一伙不法之徒,利欲熏心。朕一番苦心,付诸东流矣。黎民百姓堕入罪孽之深渊,痛苦不堪。如此情形下,朕岂忍心下令课以赋税!”

道光皇帝既然能说一番通情达理的话,以信奉上帝为荣的英国人为何不说“我们不从一个大国中的罪孽和痛苦牟取私利”?这个信奉上帝的国家的本性,我们是早已看透了的。这个国家不择手段企图消灭美洲的土著民族。落后的弱国落入英国基督教徒的视野,他们采用什么办法并吞,我们也是知道的。大动干戈,是他们对待弱小无助者的人所共知的手段。基督教教典宣扬:你右脸挨了一巴掌,把你的左脸送上去。英国基督教徒以纳税诱骗道光皇帝任凭中国衰亡,不信基督教的道光皇帝讲了一番感人的话,无疑是在烙有基督教印记的英国人脸上扇了一记耳光,遗憾的是,它未起到应有的作用。

(白开元　译)

注释:

① 本篇发表于杂志《婆罗蒂》时,泰戈尔年仅二十岁。

② 指德国传教士克利斯特里卜的文章《印度——英国的鸦片贸易》。

赏析

早在1881年,年仅二十岁的泰戈尔在孟加拉语杂志《印度人民》上发表了著名的论文《鸦片——运往中国的死亡》,对英帝国主义向中国倾销鸦片,并迫使清政府割地赔款的罪行给予了严厉谴责,揭示了英国牟取暴利的目的,猛烈地抨击了英国向中国倾销鸦片的罪行。

泰戈尔对当时的中国充满着同情,他并没有因为中国的苦难而失望。在对中国的鸦片贸易中,隐藏着龌龊卑鄙的动机,这让泰戈尔感到义愤填膺。鸦片,实质上是一种强权的产物,英国发动的鸦片战争,用大炮轰开中国的大门,它打破了中国人天朝大国的迷梦,强行将中国纳入现代国际秩序中，鸦片是将中国卷入世界资本主义潮流的历史工具。鸦片战争，是英国毒害中国人民、阻止中国禁烟而发动的一次侵略战争，它迫使中国走上了半殖民地半封建的苦难道路。因此，鸦片战争是中国人民遭受外国侵略者压迫、剥削、欺凌的开端。鸦片给中国人带来的危害是灾难性的，“有的人抽得晕晕乎乎，白天有气无力，晚上才点着火把劳动。凡是鸦片泛滥的地方，饥荒最为严重，其原因，一是烟民身体十分虚弱，干不动活儿，二是大量耕地种植罂粟，生产粮食的农田锐减”。泰戈尔深刻地揭露出英国人以传播教义为幌子的本来面目，他在文中说：“英国坐在亚洲最大的文明古国的胸脯上，把病菌似的毒品一点一滴注入她健全的肌体和灵魂，推着她走向死亡。一个强国向一个弱国出售死亡、出售毁灭，一方获取暴利，另一方损失惨重。”泰戈尔揭露了这一群强盗打着基督教的招牌进行伤天害理的勾当。泰戈尔正气凛然，一针见血地揭露了英国帝国主义鸦片贸易的吃人本质，猛烈地抨击了英国殖民主义者的蛇蝎心肠，又鲜明地表现了他对中国人民的深厚同情和赤诚关爱。泰戈尔认为：“一个国家为牟取卑鄙的利益，满足对金钱的无限贪婪，迫使拥有亿万人口的中国，在政治、健康和社会道德诸方面走上了下坡路。英国人根本不讲什么道义、什么责任、什么良知，只有敛财的强烈欲望，这就是十九世纪他们的基督教文明！”显而易见，西方的基督教文明充当了殖民主义掠夺的工具。仗着一系列不平等条约所攫取的特权，英国不但毒害了中国人民，还攫取暴利。《鸦片——运往中国的死亡》揭露了英国殖民主义者向中国倾销鸦片，毒害中国人民的罪恶行径，泰戈尔对水深火热中的中国人民寄予深深的同情，这表现了泰戈尔思想中的国际主义精神和强烈的人道主义。

（李美敏）

情味的本质

我们的宗教修行有两方面的特性，一方面是力量，另一方面是情味。正如地球分为水域和陆地两部分，宗教修行也同样由两个方面组成。

力量的一面即坚定的信仰。我所说的信仰并不只是简单地相信神，而是指整个心灵的一种状态，是一种坚定不移的信念。在这种状态下人的心像北极星一样永恒不动，绝不会认为自己无依无靠，孤立无援。

信仰就像地球一样坚硬刚强，它是一个固定的容器，其中储存着巨大的能量。

没有信仰的力量的人，或心中没有恒定的梵的位子的人，往往在尘世生活中无论碰到什么便拼命抓住不放。他好像掉进不见底的深渊中，双脚怎么也踏不上实地，因而他把猛地伸手抓住世俗生活的涨潮落潮中漂来漂去的东西当作解脱。而当这一切得而复失或脱离其双手时，他就把这种损失看成是绝对的损失，因而心灰意冷，万念俱灰，认为一切都彻底完了！各种艰难险阻加深他的绝望情绪，他看不到克服困难取得最后成功的前途。在深水中挣扎的人总是拼命抓住顺水漂来的各种树木，甚至碰到漂在水面的坛坛罐罐也抱住不放，当作救命的宝贝。而双脚踩在坚实土地上的人虽然也需要这些坛坛罐罐，但这些东西不是他生命的支柱，即便它们被人夺走，可能对生活造成很大的困难和不便，但他也绝不会淹死在水里。

因此有坚定信念的人非常重视工作，但不忙乱慌张。他很自信，因为他有可供立足的坚实的土地，也有可望到达的目标。即使他尚未看到直接的成果,他也心中有数:他获取成果的权利并未被剥夺。即使有时得到相反的结果他也决不把这种结果看得绝对化,他反而能从中发现成功的希望,把失败当作成功之母。他的心灵由辽阔的地域稳固地支托着,他清楚地认识到这地域永远是真实的,这就是相信坚实土地的宗教修行。

这种信仰的根本基础是领悟到神作为一种真理确实存在着。

这句话听起来很简单,一听此言很多人也许马上跳起来说,神确实存在,我们并不否认这一点。

然而实际上我们却常常否认,在尘世生活中我们每天的所作所为往往否定神的存在,我们未能把希望寄托在领悟神确实存在这一真理的基础之上,我们的心灵刚刚到达那个境界,却未能在那里站稳脚跟。

不管我自己的情况如何,他是最高真理和终极真理,他确实是存在的,而我就在他中间。我们能像心中对此坚信不疑的人那样生活、工作吗?他确实存在着,存在于所有的时间和空间,并且也为我的存在而存在,不管生活中发生多么繁杂混乱的情况,都不能使我背离这一真理——只有具有这种坚定信念和毅力的人才是真正有信仰的人;无论他在工作还是在休息,他都时刻牢记神的存在这一真理。

但仅仅领悟到神是作为真实坚定地容纳一切生灵和保护所有的人,这还远远不够。承受容纳一切生灵的地球确实非常坚硬,因为它的基础由许多坚固的岩层所构成。如果不那么坚固,我们就不能毫无疑虑地把希望寄托在它身上。但是如果这种坚固成为地球的唯一特性和终极形态,那么地球就会变成布满砾石的恐怖的荒滩。

实际上在坚硬的外壳上还有一种意蕴在扩展着。那就是温柔、美好和多姿多彩。那里有舞蹈,有歌声,有装饰,地球的美好形象在这儿得以表现。

原文

也就是说在稳定上面没有经常的运动的嬉戏，它就是不完整的。在地球由金属和岩石构成的坚固结构的最上一层存在着这种动态的洪流、生命的洪流、青春的洪流和美的洪流，它流动、起伏、往来不停、无休止地交融。

情味是运动的，它不是固体，它柔软，所以它四处扩散；所以它多姿多彩，像浪花般翩翩起舞，使世界兴奋不已；所以它展现自己的完美，拥有无穷的新意。

在情味枯竭的地方，呆滞的僵硬再次出现，在那里生命和青春的灵秀消失，而陈腐和死亡的僵化更加触目惊心。

我们的宗教修行，如果没有充满韵味的运动，那么它就是不完整的，甚至它最大的成功也会丧失殆尽。

在宗教修行中往往可以看到，僵化越来越厉害，它不可摇动的呆板枯燥而冷酷地表现自己。它在自己的势力范围内飞扬跋扈，气焰嚣张；它残酷地打击别人，毫不留情，甚至以此为荣；因为它从不离开自己的位置，所以它只能从一个角度去看整个世界；在它的想象中，处于其他位置的人们什么也看不到，他们的一切看法必定全都是错误的。这种不懂得原谅与自己的任何分歧或不和，它要把大家全都禁闭在自己顽石构筑的堡垒里。这种僵化甚至把温柔甜蜜当作软弱，把多姿多彩当作魔法，对其加以鄙视，并且认为把一切都生拉硬扯地拼凑到一起就是有机的结合。

僵化只存在于宗教修行的内层，其责任只是承受和容纳，而绝不是表现。骨骼不是人的全貌，有了血液流动的柔韧的肌肉，才有完整的人体。人体之所以没有像泥球一样滚落在地，之所以能经得起打击而不松垮，之所以能有效地保护自己的要害部位免受各种伤害，其内在原因就在于其体内的骨骼。但是人体把自己这种冷峻的力量隐藏在身体的内部，而在外部显露富有情趣、生机勃勃、多姿多彩、温柔而健壮的美。

宗教修行的最高表现也在于它的美。这种美源于情趣。其中包括无法想象的奇特、难以言表的甜蜜和不断运动着的生命的嬉戏。枯燥和僵化会破坏它的美,阻碍它的运动,并使它的感觉变得麻木。在宗教修行进行得最好的地方,必定有无阻的运动,情思的繁富和不受伤害的时刻显露的美感。

如果没有柔和就不可能得到这样的结果。但柔和不是从他人那里学来的温文尔雅,不是为把坚硬的生铁变成锋利的钢刀而把它烧红时的柔软,而是充满生命之液的嫩枝的那种轻柔。在这种优美的氛围中鲜花盛开,树枝在习习南风的吹拂下婆娑起舞,时而淅淅沥沥时而沙沙作响的雨声奏出优美的交响乐,和煦的阳光也像是西塔尔琴奏出的轻柔平缓的乐曲,周围世界的各种韵律柔和坦率地承认自己与万物的联系,对万物的呼唤做出反应,化打击为音乐,以美使个别与万物亲近。

总而言之,这柔和是充满韵味的柔和,而不是通过学习养成的温文尔雅。这样的柔和不屈服于枯燥的抑制,而服从于丰盈的情味以及爱情、虔诚与欢乐交织而成的丰满。

刚烈必然使自己孤独,而情味总走向他人。欢乐很容易把自己奉献,因为欢乐的特性就在于它愿意把自己扩散到众人之中。但一个人如果狂傲不羁,就绝不会与别人和睦相处。只要你有求于人,你就必须谦逊,即使一位真正的国王也必须礼贤下士。有丰富的情味的人是富翁,温和是他富有的外露。

在这广阔的世界上,上苍究竟在何处对我们垂青?在他显出美的地方,他与别人分享快乐,在那里如果死守自己的法规,他就无法立足。在那里他必须到众人之中向大家发出召唤,在这呼唤声中包含着多少慈悲、多少怜悯、多少温柔!满怀爱的欢乐的父母离不开弱小的孩子,而主宰世界之神也同样垂青于我们,这一点对我们来说非常重要。他的法规不可撼动，他法力无边，他的财富无穷无尽，但这些对我们来说，却没有他本身重要。他驾临人世化为美，以神情、姿态、欢笑，歌曲、韵味、芳香的形式，把自己奉献给我们，并把我们大家接纳到他的中间。这一点对我们来说最为重要，这就是对他最终的评价。

在世界上神有这两种特性—— 一是稳固的法则，二是柔美。法则是隐蔽的，而美将他遮盖。因为法则是隐蔽的，人们发现它花了很多时间。而美却每时每刻向人们显示自己，它能被人们看见，获得，因此才成其为美。在这美和韵味之中蕴藏着聚合的理论。

在教派中当酷虐抬头并占上风时，它不能使人们团结，却使人们因不和而分裂。因此当某种宗教把修苦行作为主要任务时，它往往就把宗教礼俗放在最高的位置，这样就在人与人之间造成了分裂，因为这时它的那种无情的冷酷会妨碍它同所有人的结合。它按照自己的法规把自己置于非常孤独的地位，而使得人们只能谨小慎微，生怕违反教规犯下罪行。这就使人们总是躲避它。不仅如此，执行教规的傲气又使人变得粗暴僵化，产生死板地维护教规的极端想法，并且认为教规具有永恒不变的性质，所以当看到触犯教规的事就产生极端的鄙视。

犹太人就是这样把自己完全束缚在教规的罗网里面，他们不可能把所有的人召唤到他们的宗教领域，也不可能同所有人结合。

当前印度教社会也用宗教把自己同世界其他地方的人们分隔开来。在教派内部也分三六九等，变得四分五裂。这实际上是用教规把自己围困起来，使自己同大众分离隔绝。佛教曾经使印度人民同其他一切民族的人民毫无阻碍地结合，而当前印度教的教规和制度却反其道而行之。直到现在这种阻碍与所有人结合的倾向仍然存在。这种倾向只会排斥他人，只能制造分裂，只能把自己封闭在狭小的宗派范围之内。印度教对外部的人紧闭门户，而对内部的人来说四面都是围墙。

在其他国家和民族中也不能说没有任何维护自己特性的倾向。维护自己特性是有必要的,绝对不应该否认这种必要性。但在其他地方这种维护特性的努力都具有国家性和社会性,也就是说这种努力存在于国家和社会的基层,因而就具有深厚的基础。

但是聚合的趋势高于维护特性的努力。同奴隶造反杀死国王夺取王位的情形一样,如果维护特性的努力能够完全制约聚合的倾向并占据主导的地位,那么同样会引发不公正的现象。所以尽管维护家庭、社会或国家利益的意识能够把人们引向维护特性的方向,但宗教意识却能站在更高的角度不断地号召人们面向世界,面向全人类。

当前我们国家在这一问题上出现了漏洞,煞星们兴风作浪就是钻了这个空子。宗教促使人的聚合,但现在我们却以宗教为借口把人们分开。我们甚至认为,只要与某些人接触,只要与某些人坐在一起进餐,只要吃了某些人碰过的食物和水,就是触犯教规,就会堕落。如果真是这样,我们就会用神的名义把自己束缚得更紧。神的职责应是解除这种束缚,而今天我们却通过神把自己捆住,这样谁还能解救我们呢?

更令人惊奇的是,今天我们正在努力把这种解救的责任交给比宗教低下的东西。我们把促使印度人团结的责任交给了种族观念。我们甚至还认为不这样就不能使我们强大起来,我们的需求也就不能得到满足。

今天我们已经使我们的宗教堕落到如此的地步,以至于我们的民族利益的观念和要求也比它高尚!目前的情况是,宗教里已经没有我们的解脱,我们必须通过种族主义来解救我们自己!宗教甚至使我们分裂,而种族主义力图把我们赶到一起!

但宗教观念不是聚合的桥梁,我们不能把希望寄托在那种聚合之上。如果在我国能够确立以真正的宗教为基础的聚合的理论,我们就能够很自然地走向团结，这样我们就能够从只热衷于搞小圈子和建樊篱的宗派主义倾向中解脱出来。如果宗教的大门敞开，我们就能够邀请人们参加规模不一的祭祀。如果我们只打开种族主义和需求的后门，那么我国内部如此之多的矛盾、分歧和隔阂就不可能越过教规的障碍穿过窄小的后门而达到大同。

在宗教运动史上曾多次出现这样的情形：当宗教袒露出自己的意蕴时，障碍就会消除，全体人民就会迅速地奔向团结统一。耶稣释放的爱和虔诚的洪流冲破犹太教顽固的壁垒，因此他的宗教至今仍在为解除民族利己主义的牢固束缚而不懈地努力，至今仍吸引着人们去冲破一切偏见和隔阂，走向人与人欢聚的大道。

佛教有严厉的基本教条，这种教条并未把人们团结在一起，但佛教倡导的友爱、慈悲以及佛陀面向世界的广阔胸襟却起到了消除人与人之间的分歧隔阂的作用。此外，不论是那纳克[1]，还是罗摩难陀[2]，不论是格比尔[3]，还是阇多尼耶[4]都主张用情味去冲击束缚并将其摧垮，号召所有的人团结起来。

所以我曾说过当宗教由于习俗、礼仪、法规和教义而变得僵化时，它就会促使人们分裂，堵塞人们相互交往的途径。而当情味的甘霖降落，原先那些造成分隔的所有深坑就被虔诚和爱的洪流所注满，在那样的汪洋之中，单独群体的固定疆界就活动起来，出现连成一体的倾向，这样就把不同的对立面统一起来，并把难以逾越的距离愉快地缩短。在汪洋的情趣中，人们真正地深广地聚集在一起。他们聚集不是为了某种需求，不遵从某种理论，也不屈从于习俗的枯燥的管束。

既然宗教的最终目标是争取与神融合，那么修行者就务必牢记：仅仅按照宗教法规祈祷、恪守宗教礼俗和禁忌是绝对不够的。这样做只会给心灵带来沉重的打击，只会使宗教的狂热抬头，使人心胸狭窄，如果心中没有温情，那么与他的融合就绝不可能。

但还必须记住，虔诚和爱的甜美有可供享乐的一面，如果只片面地强调这一个方面，那将导致软弱。此外在虔诚和爱之中还有刚强的一面，如果没有这个方面，那么人性也会被柔情所破坏。

享受并不是爱的唯一特性，爱的一个主要特性是，爱愉快地承受痛苦。因为通过痛苦和牺牲，爱才会获得成功。爱的完美体现不是在激情之中，而是在日常的工作和侍奉之中。只有通过痛苦工作和艰辛，爱才能纯净，并成为完整的。这种痛苦的承受就是爱的皇冠，爱的光荣。它通过牺牲，能够得到自己，痛苦中能酿出甘甜。忠贞贤惠的妻子能把一切家务料理得非常出色，这不但不会使她脸上无光，反而会使她更加光彩照人，使她的形象更加灿亮，家庭生活中的善事能使她忠贞的爱得到升华。同样当一个修行者的心灵充满虔诚时，那些按照法规必须履行的义务对他来说就不再是一种束缚，而是美丽的装饰。痛苦不能使他在生活中低头，相反在痛苦中他的虔诚更加坚定。所以在人类的社会中，当某些活动过于激烈时会对人性构成沉重的压力，这时一些叛逆者依靠知识为减轻劳作的强度和消除痛苦进行了坚持不懈的努力。但某些人通过虔诚尝到完整的滋味，不感到有必要否定一些小事，于是他们轻松自如地挑起工作的重担并承受痛苦。不这样，他们的虔诚就没有意义，就是对虔诚的污辱。虔诚通过外在的贫乏和打击来证明自己内在的完善，痛苦中的柔韧和工作中的欢乐象征他的财富。事务把人缠住，痛苦使人备受煎熬，涌溢的情趣中这个问题迎刃而解，于是在工作和痛苦之中人们真正悟到了自身的解脱。春日的阳光下，冰山上的积雪化为流水，这时候它的流动就是它的解脱，而不动反而是它的束缚。这时它在欢乐之中不知疲倦地向各地奔流，不断地滋润流经的土壤。虽然时刻受到巨岩和鹅卵石的阻遏，但越是阻挡，它越是奏出欢快跳跃的旋律，跳起热情奔放的舞蹈。

冰川与其化成的溪水之间有何区别？在冰川之中没有运动，坚硬的冰川，用绳子捆住拖拉才会移动。所以这种运动是受束缚的表现，因此当外部的力量迫使它前进时，每推拉一次它就受到一次打击，它就破裂，受损。所以摆脱被迫运动，岿然不动，才是它的正常状态。

而山上溪水的流动则是自发和内在的流动，在动态中才有它的伸展、解脱和美，所以在前进的道路上它越是受到打击和阻碍，它就变得越发多姿多彩。

人如果缺乏温情，那么他就会变作僵硬的人体。在这种情况下是饥渴、恐惧和担忧推着他去工作，因此他在工作中总是感到疲惫不堪。在这种缺乏情趣的状况下，人从里到外都处于僵化的状态。这时不管他如何讲究繁文缛节，不管他遵循多少教规教义，他的内心缺乏动力，在外部他也全身受到束缚。这时他的饮食起居等行动都被限制得死死的，他被迫承担各种毫无意义的事务，这些事不但不能促使他前进，反而使他没完没了地重复固定模式的动作，原地踏步，或不停地转圈。

有了情趣，人的僵化状态就告结束。这时运动对他来说是十分正常的，这时他就在前进的快乐中做工作，在战无不胜的生命力的欢乐之中承受痛苦。

事实上人的主要问题不是以何种力量来完全遏止痛苦，而是用何种力量轻松自如地承受。有一些人遏止痛苦之后就想说明，自我是一切恶行的根源，他们要它完全消失。而那些想给予承受痛苦的能力的人总是提倡用爱来充实个体使自我完美。也就是说把马与马车分开并非保护车辆的良策，而为马车配备称职的车夫才是使车子脱离危险顺利到达目的地的最佳方案。所以人的宗教修行中有了虔诚，就可保留世俗生活中原有的一切，并解决他个人的一切问题。

那时，人在工作和苦乐中感到光荣，这时工作给他解脱，而痛苦不是他损失的根源。

1910 年

（李缘山　译）

注释：

① 那纳克（1469—1539），锡克教始祖。

② 罗摩难陀（1360—1450），印度教虔诚派领袖，曾在贝拿勒斯建立宗教团体。

③ 格比尔（1440—1518），印度教虔诚派领袖，诗人。

④ 阇多尼耶，17 世纪孟加拉地区印度教毗湿奴派领袖。

赏析

《情味的本质》一文选自泰戈尔的《论文学》。他在文中借用了印度古典诗学中“味”的概念，“味”论是印度艺术的一种批评理论，为婆罗多首先在《舞论》中提出，起初运用于戏剧领域，后扩展至诗学领域，成为诗学领域一个重要的批评方法。婆罗多给“味”下的著名定义是：“味产生于情由、情态和不定情的结合。”（黄宝生《印度古典诗学》）“味”的理论经过诸多印度诗学大家的阐释，其中集大成者是新护，他给予“味”论最深刻和最全面的阐释。新护认为“味”是普遍化的知觉（或情感），可见味和情密不可分。泰戈尔在《情味的本质》中所提到的“味”，类似于新护所阐释的“味”，是一种普遍和久远的感情效应。

泰戈尔用情味来阐释宗教修行，他认为：“宗教修行饱含两个方面的特性，一方面是力量，另一方面是情味”。其中力量意味着对信仰持坚定不移的信念，这种信念是领悟神的基础，“只有具有这种坚定信念和毅力的人才是真正有信仰的人；无论他在工作还是在休息，他都时刻牢记神的存在这一真理”。[1]可见坚定的力量是宗教信仰的基础，除此之外，还包涵一种人类普遍的情感，即情味。泰戈尔认为宗教修行的情味是运动的、多形式的，是宗教修行表现出来的最高的美。

情味是柔和，是柔美，更是普遍的爱。不同的宗教修行有不同的宗教仪式，但是各种宗教之间存在普遍的情味，这种普遍的情味能够超越不同的宗教仪式，将人们团结在一起。“佛教有严厉的基本教条，这种教条并未把人们团结在一起，但佛教倡导的友爱、慈悲以及佛陀面向世界的广阔胸襟却起到了消除人与人之间的分歧隔阂的作用。此外，不论是那纳克，还是罗摩难陀，不论是格比尔，还是阇多尼耶都主张用情味去冲击束缚并将其摧垮，号召所有的人团结起来。”由此可见，泰戈尔认为所有的宗教都存在着一种情味，这是一种泛爱的思想。不同的宗教有不一样的教义和仪式，但宗教的最终目的是与神融合，而仅仅恪守宗教仪式和禁忌是不够的，提倡普遍的情味——虔诚和爱才能达到和神最终的圆融。泰戈尔倡导人要有持久的爱、虔诚和温情，才能真正体会摆脱仪式的约束，体会到快乐。

泰戈尔的宗教思想究其根源是人的宗教，它受到印度古代宗教文化以及外国宗教的影响，提倡泛爱思想，这种“爱”是达到神人合一的途径。泰戈尔在《人的宗教》中高度评价了琐罗亚斯德教的创始人琐罗亚斯德，认为他为人类指明了自由之路，让人免受各种仪式缛节的束缚。

亨廷顿在其著作《文明的冲突》中指出，冷战后的世界，冲突的基本根源不是意识形态，而是文明方面的差异，各种宗教文化的差异性导致了人与人之间的隔绝和冲突。宗教修行的最高表现不在于教规和礼俗，而在于情味——普遍之爱。泰戈尔认为印度教中森严的等级制度制造了大众的分离隔绝，形成一种封闭的格局，而佛教倡导的众生平等思想打破了隔绝，使人团结在一起。泰戈尔认为宗教意识要站在更高的角度，其辐射的人群不只是某一个团体，也不是某一个民族，而是整个世界和全人类。泰戈尔谴责印度的宗教非但没有团结大众，反而让民众陷入分裂。要打破分裂的格局，唯有从宗派主义倾向中解脱出来，只有越过教规的障碍，才能实现大同。他指出在宗教运动史上就曾多次出现这样的情形，“当宗教坦露出自己的意蕴时，障碍就会消除，全体人民就会迅速地奔向团结统一。耶稣释放的爱和虔诚的洪流冲破犹太教顽固的壁垒，因此他的宗教至今仍在为解除民族利己主义的牢固束缚而不懈地努力，至今仍吸引着人们去冲破一切偏见和隔阂，走向人与人欢聚的大道”。可见，泰戈尔认为宗教的情味——爱和虔诚是打破宗教壁垒的有效方法。

泰戈尔超越宗教、超越种族的思想放在当下全球化的文化语境下也是颇有意义的。美国的九一一事件是不同的宗教价值观冲突的极端表现，在后九一一时代，要建构一个合理的世界文明秩序，宗教文化之间的理解和宽容是最后必须直面的问题，泰戈尔所指出的宗教的情味本质对建构世界新的秩序具有很大的启示意义。

（李美敏）

注释：

①《泰戈尔全集》第 22 卷，河北教育出版社，2000 年，第 137 页。

文明与发展

一位中国作家写道：“在中国，局势的可怕的悲剧性方面在于，当中华民族被号召摒弃它自己的文明而采用现代欧洲的文明时，在整个欧洲却没有一个有学识之士能够给予一个最模糊的概念，来说明这个现代欧洲文明究竟是什么。”

原文

我在别处读到一篇由一本杂志所转引、由一位法国人所写的评论。他在其中写道，中国不是一个国家而是一个文明。由于未读到全部的论述，我无法确定他指的是什么。但是在我看来，根据作者所写，他似乎是想说明中国体现了一种理想，而不是某些事物的产生和集合，亦不是有关事物性质中的某一特性的信息；亦即它代表的不仅仅是财富、知识与力量的发展，而且是生命的哲学和生活的艺术。

对于"文明"一词，由于它是个欧洲词儿，我们几乎尚未来得及费心去弄清它的真实含义。一个多世纪以来，我们接受了它，仿佛是接受了一匹别人赠送的马，由于对它完全信赖，因此从未想到要去数它的牙齿。只是在最近，我们才开始怀疑，我们是否真的认识到，当西方人提到"文明"一词时，他们指的究竟是什么。我们问自己："它的含义与我们自己语言中用以表示人类至善至美概念一词的含义是相同的吗？"

文明不可能仅仅是偶然采取了某一特定形态的、不断增加的各种事件的总和，也不可能仅仅是我们认为是极好的一种倾向。它应当是我们在我们的社会中，为了达到至善至美的目标而逐渐形成的、对于某种指导性的道德力量的一种表现。当"至善至美"一词用于某一无生命的事物时，甚或用于其生命主要是生物学意义上的某种生物时，它具有其单一、确切的含义。但是，由于人类是复杂的，并且总是不断行进在超越自身的道路上，因此，当"至善至美"一词运用在他们身上时，其含义就不可能囿于一成不变的概念之中。这就使得不同的民族对于这一术语可能会有形形色色不同的定义。

我认为，我们自己语言中的梵语词"达摩"(dharma)与"文明" 一词的词义最为相近。事实上，大概除了某些既无生命力又缺少氛围的新的生造词，我们也无其他词可用。"达摩"的特定含义指的是那种使我们精诚团结，引导我们获得最大幸福的原则。这个词的一般含义是指某一事物的本质。

对于人类来说,“达摩”是他处于真理中的最佳表达方式。假如从外在的与物质的观点出发,他可以拒绝达摩,可以选择做动物或机器,由此可以使他不受损害,甚至还可以获得力量和财富。然而对于作为一个人的他来说,与其如此还不如死去。我们的圣典中说道:“通过非达摩(否定达摩),人们事业发达,诸事遂愿,战无不胜,但在本质上却早已灭亡。”

如果一个人仅仅是一台相当不错的赚钱机器,在他身上是不会体现出人的各种完美品性的。他不啻是金玉其外,败絮其中。他在自己的生活中为咧开大口的“否定达摩”那又聋又瞎的偶像建立起一座富丽堂皇的圣坛;而所有源源不断敬奉给它的昂贵的祭品都被倾入那犹如无底深渊般的永远也填不满的大口之中。按照我们的圣典所说,即使他趾高气扬,大喊大叫,猛力地做着手势,他也已经灭亡。

同样的思想也由伟大的中国先哲老子以不同的方式表达出来。他说:“死而不亡者寿。”在此他也表明了类似的理论:当一个人体现出他的真理时,他活着,而那真理本身便是“达摩”。按照这种理想,“文明”就应该是用以对人类在共同生活中的“达摩”进行表达的方式。

一个多世纪以来,我们一直被繁荣的西方拖在它的战车后面,被它的烟尘窒息,被它的噪音震聋,因我们自己的孤弱无助而地位卑微,又被它的速度所压倒。我们承认,驾驭这一战车就是发展,而这种发展即是文明。假若我们胆敢问一声:“向何处发展?为何人发展?”人们就会认为,对于发展的绝对性竟然会存有这种怀疑,这真是典型而又可笑的东方人所独有的想法。近来,更有一个声音传来,吩咐我们不仅要重视这辆战车上的科学的完美,而且还要重视横在其路途中的沟渠的深度。

不久前,我读了美国的《民族》周刊上的一篇短评。在论述一些英国航空兵对阿富汗的马赫苏德的村庄进行轰炸时，在对待事实的真相方面，这篇短评与其说是审慎倒不如说是率直。被这家周刊所评论的事件发生在当“一架轰炸机迫降在马赫苏德的一个村庄中”，以及当“没有负伤的飞行员们从飞机的残骸中出来时。当时他们所面对的只不过是五六个老年妇女，她们正巧在躲避炸弹的袭击，正挥舞着令人胆寒的刀子”。评论撰写人援引了伦敦《泰晤士报》的如下报道：

> 一位可爱的姑娘保护了这些飞行员，将他们带到附近的一个山洞。一位族长正把守在洞口，大声喊叫着，挥舞着刀子，不让聚在周围的大约四十个人靠近洞口。炸弹仍从空中接二连三地落下，因此那群人由于眼红山洞的安全，便拼命往洞里拥。飞行员们不顾人们敌意的表示，挤过了人群。……人们向他们提供饮食，附近的族长们还来拜访他们，显得十分友好。一位祭司也来探望他们，他同样也很和蔼可亲。妇女们照管安排他们的饮食。生活用品从拉扎与拉兹马克安全运来。……在 24 日晚上他们被送往拉扎，并于翌日黎明时分到达。护送者们将他们的俘虏装扮成马赫苏德人，以此防备有人袭击他们。……意味深长的是，飞行员们的保护人首先是在男女青年一代中发现的。

在上述报道中，可以发现这样一个强有力的事实，即西方已经取得了惊人的发展。他已打开了穿越地球上那一神秘莫测的地区的通道。炸弹的爆炸威力所产生的大规模杀伤的机械力量达到这样一种程度，在昔日只有众多人的勇猛所产生的力量才能与之相比。然而这种巨大的发展却使人类变得渺小。他得意洋洋地想象，当他展现出他所产生的成就以及他手中所持有的力量时，他也就表现出自己的创造力了。

巨大的成果以及机械上的无可挑剔的装备向他隐瞒了这样一个事实——他身上的人性被扼杀了。

在孩提时代，我自由不羁地把一些小物件当作玩具，依靠我的想象创造出我自己的游戏，与我一起做游戏的小伙伴们充分地分享着我的快乐。实际上，我做游戏的全部乐趣都依赖于他们的参与。一天，在我们童年的这片乐土中，闯入了来自成年人市场世界的一个诱惑物。

一个从英国商店买来的玩具送给了我们的一个同伴，它完美无瑕，体积很大，逼真得令人惊奇。他开始以这个玩具为荣，对我们的游戏也不那么上心了。他小心翼翼地不让我们接近那个价格昂贵的东西，因自己独占它而洋洋自得，感到自己比只拥有廉价玩具的伙伴们优越。我相信，倘若他能够运用历史上的时髦字眼儿的话，他肯定会说他比我们文明，因为他已经到了拥有那个完美得可笑的玩具的程度。

在他的兴奋中，有一点他没有能够认识到——一个当时在他看来是无关紧要的事实，即这一诱惑遮住了某种远比他的玩具完美得多的东西，遮住了完美儿童所应展现的东西。那个玩具只不过表现了他的财富，却没有表现出儿童的创造精神，没有表现出儿童在他的游戏中，在他的游戏世界里对所有小伙伴的敞开心扉的邀请中所应有的那种慷慨大方的童趣。

那些前去轰炸马赫苏德诸村庄的人，是以作为他们最新发明的科学玩具的那些器具的完美功效去衡量他们的文明的。他们如此强烈地认识到这些东西的价值，以至于他们不惜让本国人民以及那些偶或有可能亲身尝受到这些机器的致命的完美滋味的其他国家的人民，都去承受其忍耐力的极限。这种承受不仅存在于金钱中而且也存在于人性中。这些人用人类的死亡率换取了玩具的出生率，而他们似乎还很高兴。他们的科学使他们如此轻而易举地获得了物质方面的巨大成就，因此他们不愿再去计算他们的精神所需付出的代价。

另一方面，那些保护了前来大批屠杀他们，屠杀男人、妇女和儿童的飞行员的马赫苏德人，在拥有这种致命的玩具方面却是原始的，未开化的。然而他们却淋漓尽致地证实了人性的真理，通过这种真理他们能够表现出他们的人格。而若从所谓北欧日耳曼民族的观点，从那些自封为人类统治者的人的观点出发，这就是愚蠢。

对于一个马赫苏德人来说，好客是他可被称做一个人时所必须具有的品德，因此他不能错过他的机会。即使在对待某个一贯进行无情的敌对活动的人时也是如此。从实利的观点出发，马赫苏德人为此付出了十分昂贵的代价，如同我们对于我们最珍视的东西所必须付出的那样。文明的使命即是要为我们树立正确的价值标准。马赫苏德人也许会有许多错误，对此他们应负有责任。然而，在他们身上所体现的更有价值的东西是好客而不是复仇，这一点不会被称做发展，却一定是文明。

“冷酷”在危机时刻不屑于顾忌太多，而坚决根除制造麻烦的原因。它运用其不分青红皂白的武器，无情对待罪犯与无辜者，战斗员与平民，在这些方面它确乎是有效用的。通过这种彻头彻尾冷酷无情的方法，人们事业发达；他们事事遂心如意；他们战胜敌人；然而他们却停在了那里，是不完全的人。

我们不妨设想一下下述造物过程中的某一糟糕的实验：它始于尾端，当造完胃时便骤然停止了。这种创造物的消化能力是完美无瑕的，所以它不断地长胖长壮，然而其结果并不美妙。上次大战之初，当这一类怪物以各种各样千奇百怪的形状出现时，西方人一见之下，曾一度畏缩不前。但是她现在似乎已对它们心生喜爱了，因为它们同其他各种丑类的孵化物一起被慈爱地置于她的育儿室中。由这种缺头少肢的畸形怪物所制造的种种骇人听闻的活动,也许会为那些想要成为人类的主宰的人展宽那条被称做发展的道路,然而它们肯定不属于文明。

一次,我因事要从一百英里以外的一个地方乘汽车去加尔各答。由于汽车的机械故障,迫使我们几乎每隔半个小时就必须给汽车加一次水。在我们被迫停驶的第一个村庄中,我们请求一个人帮助我们找水。这对他颇有些勉为其难,但是当我们付给他酬金时,尽管他很穷,却拒绝接受它。在沿途其他的十五个村庄中都发生了同样的事情。在一个炎热的国度中,旅行者们时时都需要水,而在夏季又往往变得供水不足,但是村民们却把为需要水的人提供水视为己任。如若遵循那不可抗拒的供求规律,他们本可以轻易地以此做一笔交易的。然而他们将其视作他们的"达摩"的那种理想已与他们的生命融为一体。要求他们出卖它,不啻要求他们出卖他们的生命。他们不会因为拥有它而要求承认任何个人的功德。

老子在论及那确实优秀的人物时说道:"圣人……生而不有,为而不恃,功成而弗居。夫唯不居,是以不去。"我们的身外之物我们可以出售,但是与我们的生命融为一体之物我们却不能出售。这种对于真理的完全的吸收是属于完美无瑕的天国的,它远在自我意识的炼狱之外。要想达到它,需要一个亲证文明的漫长过程。

能够不辞千辛万苦去为过往的陌生人送水却又从不要求什么功德或报酬,这与每分钟都生产出令人咋舌的大批物品的能力相比,似乎简单得荒谬可笑而又微不足道。一个在食品市场囤积居奇,不惜将整个世界推到濒临饿死的边缘,从而以此大发横财的百万富翁旅游者,在以每小时六十英里的速度驱车从我们的村庄中疾驶而过时,肯定是倨傲得对这种区区小事都不屑一顾。因为它既不像那以其奇长的指状物而引人注目的电线杆那样扎眼,又不似他自己的汽车发动机所发出的无礼地划破寂静的长空的噪音那般刺耳。

不错，这种小事是简单，但是这种简单是数世纪的文化的产物，这种简单是难于模仿的。不出几年的时间我就可能学会如何转动一下机轮，瞬间就在成千上万根针上打出孔来。但是要求一个人对待敌人或者陌生人殷勤好客，这其中的那种绝对的简单却需要经过几代人的培养。这种简单不会将自己待价而沽，不会要求工资报酬，因此那些醉心于力量的人是不会认识到“精神表达中的简单正是文明的最高产物”这一点的。

分裂瓦解的过程能够扼杀这种更高生活所产生的稀有的果实，犹如拥有某种罕见的美丽的一种鸟类，会被有着文明的武器的贪婪这种卑下的力量所彻底灭绝一般。事实已清楚地向我证明了这一点，这是当我发现了那唯一因向我们供水而收取费用的地方时所认识到的。那个地方是我们所途经的加尔各答的一个郊区，在那里生活要比别处富裕，供水也更容易更充裕，在那里“发展”已在四面八方的各个系统中涌现。我们应当逐步了解这种分裂瓦解的力量，了解它是如何起作用的。

创造是通过形式的律动对真理的揭示，它的两重性是由表达与物质两方面构成的。在二者中物质必须绝对忠诚地献身于表达。它必须懂得它自身是不会有止境的，因此，它不应通过其自身的巨大压力而使人们背离他们的创造性活动。

在印度，我们有一种类型的梵文诗歌，内中专门阐明所有复杂的梵文语法规则。这种诗歌在我们某些读者的心中激发出延绵不绝的勃勃兴致，使他们即便在一件艺术作品当中，也要找出对力量的某种确切的证明，对其表现形式也要求是近乎确实具体的。这表明，经过专门的培养，便可造成一种能以仅仅展示力量为乐的心理，这种心理乐于操纵各种物质，却忘记了这些物质本身并无价值可言。在现代的西方世界我们目睹了同样的情况。在那里，发展是以物质增长的速度来衡量的。用马力衡量是一种方法，在它面前，精神力量已变得地位卑微。马力疾驰，精神力量护持。疾驰者被称做发展的原则，护持者被我们称做“达摩”；而“达摩”这个字眼儿我认为应被译作“文明”。

科学家告诉我们，原子的构成方式，是由一个原子核以一种舞动的节律将其同伴吸引在周围，并从而形成一个完美的统一体。只要在一种文明的核心中包含着某种按照相互关系的节律将其成员结合在一起的创造性理想，这种文明就会永葆健康、强壮。这种相互之间的关系是美好的，而不是纯粹功利主义的。当这种身为“达摩”的创造性力量让位于某一压倒一切的情感时，这一文明就会突如其来地燃烧，酿成一场大火灾，犹如一颗点燃了自身的火葬柴堆的星星。这一文明从柔和适中的光芒中一下子迸发出最耀眼的强光，仅仅因其灼人的火光，就足以使其自身遭受剧烈的灭顶之灾。

西方社会曾有很长一段时间是把一种伟大的精神理想而不仅仅是发展的动力作为其主要的动力的。它曾有着积极致力于为发生冲突的社会力量进行调解，使之重归于好的宗教信仰。它所最珍视的是人类关系的完美，这种完美是由克制人类自私的本能，使人类懂得其根本统一的哲学而达到的。然而，在过去的二百年中，西方发现了进入自然的力量之宝库的通路，自此，它的全部注意力便不可抗拒地被吸引到那个方向。而它的内在的文明的理想就这样被对力量的爱恋推到一边。

人类的理想就其活动的领域来说，从上到下都充满着十足的人性。这一理想的光线是柔和的，因为它漫射四方；它的生命是温和的，因为它包容一切；它是宁静的，因为它伟大；它是适中的，因为它全面。然而我们的感情却是狭隘的，它有限的领域使它具有强烈的冲动性。这种肆无忌惮的贪婪的力量近来已经占据了西方的心灵。这种情况不过是在很短的时期内发生的，却顷刻之间就使物品泛滥成灾，淹没了地球上的一切时间和空间。昔日的一切具有人性的事物都正在被打碎。

为了在这种混乱的分裂状态中保持某种貌似统一的东西，各种组织机构建立起来了，以大批量地制造和平或者虔诚或者社会福利。但是这种组织机构决然不会具有那种完美统一体的性质。毋庸置疑，它们是必需的，正如我们需要我们的水杯一样。然而我们之所以需要水杯是因为我们需要水，而不是水杯本身。这些组织机构原本不过是它们自身制造出来的负担。倘若我们乐于将其数目无限制地增多，其结果也可能是惊人地卓有成效，然而对于生活来说，却是毁灭性的，致命的。

我曾经在什么地方读过柏拉图的一段话，他说："只有当一个明智的、社会化的团体保持为一个统一体，它才能继续发展。若非如此，发展必会停止，或者团体就会分裂瓦解，不再是一个有机体。"只有当这种统一体的精神的核心是某种具有达摩性质的充满生气的思想感情，并将人们导向合作与对生活的馈赠的共同分享，那统一体的精神才会被保持下去。

老子曾经说过："不知常，妄作，凶；……"舒适方便被追求着，物品成倍地增长着，永恒却黯然失色，感情被激起，邪恶乘胜前进，从一个大陆走向另一个大陆。它残害着人们，将生命之花——这一寓居于人性的圣殿之中的母亲之心的产物无情地践踏、碾碎。而我们却还被要求建立起一座座迎接这一死亡进军的凯旋门。让我们至少拒绝承认它的胜利吧，即使我们不能阻止它的前进。让我们去死，一如你们的老子所说的那样，却依然不朽。

我们的圣典说:“罪寓于贪,死寓于罪。”你们的哲人也说过:“祸莫大于不知足。”这些格言警句中包含着人们长期积累的智慧。当贪婪成为一个民族的主要特征时,也就预示着这个民族的灭亡。仅仅依靠诸如国际联盟这样的组织是绝对挽救不了它的。听任发自那个民族内心的追求私利的洪水自由泛滥,与此同时又企图筑起一座外部的堤坝拦住这股洪水的去路,这种方法决不会成功。由于阻塞,这股洪水将会以更大的力量爆发。老子说:“以其不自生,故能长生。”生命的法则即存在于此。因此,在一个社会中,一切有助于生活的培养、教导,无非是指那些能帮助我们克制利己的贪欲的事物。

在昔日文明活跃的时期,亦即当它的大部分活动都与一种内在的理想而不是与一种外在的强制相联系时,金钱尚未具有现在所具有的价值。你们难道没有认识到这个事实在我们的生活中造成多么巨大的差异?它又是多么野蛮地贬低了我们遗产中的那些无价之宝吗?我们已经对这种灾难性的变化变得如此习以为常,使我们已经不能充分认识到它强加在我们身上的对于尊严的损害。

我请你们想象一下,有一天——假设这一天会到来的话——在一次聚会中,当一个人进来时,其他的人全都敬畏地起身离开座位,只因为来人所佩戴的项圈上的人头骨的数目要比他的同伴的多。今天,我们会毫不迟疑地承认,这是纯粹的野蛮风尚。难道就没有象征着人类同样堕落的其他标志吗?难道除了那些野蛮人如此自豪地佩戴的人头骨,就没有其他形式的人头骨吗?

昔时,人们从不把仅仅聚敛起无数的钱财看做是富有,除非他拥有某个可用以表明其理想之伟大的荣誉花冠,才可称做富有。无论是在东方还是在西方,人们为了保持其与生俱来的尊严,绝对藐视那仅仅代表占有的权利却不代表道德的职责的金钱。赚钱作为一种职业无处不受人轻蔑，而那些以获取巨额利润为生活的唯一目标的人皆为人们所不齿。

曾经有一个时期，在印度，我们的婆罗门受人尊敬。这不仅因为他们的学问和纯洁的生活，还因为他们对于物质财富完全漠视的态度。这仅仅表明，当时，我们的社会充分意识到，它的生活是要依赖于它的理想的，而这些理想决不应被任何属于那种追求私利的感情的事物所损害。然而今天，由于发展被视作文明的代表，又由于这一发展无休止地聚集、增加物质财富，金钱已在全世界建立起统治权。因为，在这个物欲横流的世界上，金钱不啻一座向四面八方输送动力的中央电站。

在以往的时代里，君王并不耻于谦恭地向有才智的人或者向有精神才能或创造天赋的人致敬。因为高级生活所具有的特性即是这些时代文明的动力。然而在今天，人们不论其身份如何，从来不认为对那些腰缠万贯的人表示敬意是什么丢脸的事情。他们这样做倒不都是因为企望以此得到什么好处，而是因为对方拥有万贯家财这样一个赤裸裸的事实。这意味着完善的人已被物质的人所击败。这一巨大的倒退，犹如一只又黏又滑的爬虫，缠绕着整个人类世界的躯体。在我们能够将人类从它那长无尽头的尾巴的束缚中拯救出来之前，我们必须首先使我们的心灵摆脱对于这一邪恶力量，对于这条决不能成为主宰人类文明之神的恶龙的那种亵渎神圣的崇拜。

我相信你们一定知道，这一没有灵魂的、贪婪的滋生物，已经对你们国家那秀美的肢体张开了它那翕张自如的大口，其贪婪的程度也许甚于对世界上任何其他的地区。我真诚地希望你们能够采取一些措施，以使她得以摆脱被它那血盆大口吞噬的命运。

然而，来自进攻的敌方的威胁并不是那么大，倒是来自可能背叛的防御一方的危险要大得多。当我在你们现在的年轻一代的身上，看到他们自甘堕落，被一种具有巨大诱惑力的邪恶力量迷惑得神魂颠倒这种迹象时，我感到极为震惊。他们在大片的摩天大楼中，在新闻杂志耸人听闻的大标题中，在政客大叫大嚷、蛊惑人心的煽动中四处寻求着文明。他们将自己的那些对于真理具有远见卓识的伟大的先知抛诸脑后，却在黑暗中徘徊着，乞求某种萤火虫出借它那微乎其微的光亮。而那只萤火虫只能提着它那光线微弱的灯笼，以便使自己能够缓缓地落到最近的尘埃中去。

当他们返回家中，真正理解了他们的大师老子在进行教诲时所说的“有德司契，无德司彻”这句话时，他们就会明白“文明”一词的含义了。在这句格言中，他仅用几个词就表达了我试图在这篇文章中所要说明的意思。并非与一种内在的理想相关，而是与一种外在的诱惑相联的发展，追求的是满足我们无止境的要求。而那身为一种理想的文明，却给予我们履行我们职责的力量和欢乐。

由于权力的组织和生产的组织而使生活变得呆板、心肠变得冷酷。对于这一点，他道出了深刻的真理：

草木之生也柔脆，其死也枯槁。故坚强者死之徒，柔弱者生之徒。是以兵强则灭，木强则折。故坚强处下，柔弱处上。

如上所引，我们印度的圣贤说过：“有非达摩相助，人们事业发达，诸事遂愿，战无不胜，然而，他们本质上早已灭亡。”那本身并非为幸福的财富正迅速茁壮地成长着，然而它自身中却已孕育着死亡的种子。这种财富在西方得到了人血的滋养，其果实正在成熟。许多世纪之前，你们的圣贤也已发出同样的告诫，他说：“物壮则老，谓之不道，不道早已。”

你们的导师说过：“益生曰祥。”因为，“益生”不像物品的增长，决不会超出生活的统一这个界限。高山上的松树长得高大伟岸，它从上到下，每一微小的部分都保持着一种内在平衡的节律。因此，虽然它在外表上极为高大，却别有一种体现出自制力的恰到好处的韵致。那棵松树及其产物属于相同的有节奏的生命体系，其树干、枝叶、花朵和果实都与这棵树浑然一体，它们的丰盛繁茂并不是一种病态的过分，而是一种福祉。但是，那些主要是为了获取利润而不是为了满足生活的需要的体系，却促使我们这种扼杀人的个性健康发展的社会之中的丑恶现象极度膨胀。由于它们并未与我们的生活融为一体，因而也不符合它的节律。

我们现在的生活，本应步如曼舞、声如妙乐、体态优美，本应用群星和花簇来比喻之。因为它应该与神的创造保持和谐一致。然而，在四处蔓延、不断滋生的贪婪这一暴政的统治下，它变得如同一辆不堪重负的集市上的马车，颠簸着，摇晃着，吱吱嘎嘎地行进在那条从物品通向一无所有的道路上。沿途轧过绿色的生命，留下丑陋的轨辙，直到终因其粗野行为的重荷而抛锚在路旁，从而到达不了任何地方。因为，这就叫做“不道”，而正如你们的导师所说的“不道早已”。

（李　南　译）

赏析

在泰戈尔诸多在中国的演讲中，“文明与发展”这一讲放在当下语境下阅读，依旧是发人深省的。

泰戈尔在开篇就对“文明”这个词进行定义，他认为在印度的梵语中,“达摩”(dharma)这个词与“文明”的词义最为相近。他又指出:“‘达摩’的特定含义指的是那种使我们精诚团结,引导我们获得最大幸福的原则。”获得最大的幸福是人类普遍的生命追求,而文明不是人类的终极目标,它是通往幸福的路径,也是人类在共同生活中对“达摩”的表达方式。

近代西方以科技文明领先于世界,他们习以为常地以科技发展去衡量文明程度,这种观念在西方之所以会形成主流的价值观,是因为科技让他们轻而易举地获得了物质方面的巨大成就,这也造就了西方工具理性的思维模式。科技成果亦成为战争的武器,并一度成为战争的帮凶:“它运用其不分青红皂白的武器,无情对待罪犯与无辜者,战斗员与平民,在这些方面它确乎是有效用的。通过这种彻头彻尾冷酷无情的方法人们事业发达;他们事事遂心如意;他们战胜敌人;然而他们却停在了那里,是不完全的人。”此时,先进的科技文明可谓是一种异化,因为它违背了人生的意义和价值。

在西方,科技文明的强势力量造成对人的压迫。自西方哲人笛卡尔开创了科学理性后,科学理性的无限扩张为科学的发展开辟了道路,但同时导致的是科技对人的排斥、挤压甚至对抗。人在自身创造的科技面前已全然异化,从而敌视并对抗人类自身。西方科技文明所导致的异化让人遗忘了人生存在的意义和价值,只求利用科技满足各种欲望,人成为物质、金钱的奴隶。泰戈尔则认为,东方文明所强调的人文精神才是人的价值所在。印度的圣贤说过:“有非达摩相助,人们事业发达,诸事遂愿,战无不胜,然而,他们本质上早已灭亡。”泰戈尔对西方现代技术和工具理性进行批判,他所强调的东方文明可谓是另一种现代化的方案。泰戈尔还强调有别于西方的“亚洲精神”,这种亚洲精神是东方古老文明的文化遗产。泰戈尔例举中国的老子,老子曾说“不知常，妄作，凶”；还例举印度圣典，“罪寓于贪，死寓于罪”。泰戈尔认为东方的文明法则让人类克制利己的贪欲。西方文明自工业化以来形成了以物质为中心的价值观，泰戈尔对这种价值观表现出忧虑和批判意识，他认为发展被视为文明的代表，发展大量地增加了物质财富，金钱获得统治权，这是人类文明的危机。泰戈尔对西方现代工业化的文明范式提出了质疑和批判，他认为这种工业文明使人异化，沦为工具理性的牺牲品，这是一种精神的倒退，“这一巨大的倒退，犹如一只又黏又滑的爬虫，缠绕着整个人类世界的躯体。在我们能够将人类从它那长无尽头的尾巴的束缚中拯救出来之前，我们必须首先使我们的心灵摆脱对于这一邪恶力量，对于这条决不能成为主宰人类文明之神的恶龙的那种亵渎神圣的崇拜”。泰戈尔所描绘的“爬虫”与卡夫卡所描写的“甲虫”有异曲同工之妙，都是工业文明时代人类异化的表现，异化是信仰危机时代的征兆，是精神荒原的表象。泰戈尔不断援引老子的名言作为有力的论据，老子曾说“有德司契，无德司彻”，因此人要不断反省自己，提高自己的精神品德，不能任由物质和工具理性占据内心世界。

文明与发展的内在逻辑不应该以财富和物质的增长来衡量，泰戈尔认为文明是一种至善至美的境界，它以人类获得最大幸福为原则，印度文明中的“达摩”、老子的“道”才是对文明真正表达的方式，而西方现代工业文明致使恐慌和幻灭意识滋生。泰戈尔痛心那些在摩天大楼里、在新闻杂志耸人听闻的标题中叫嚣着寻求文明的西方人，他们已经与伟人先知相去甚远。老子曾说：“物壮则老，谓之不道，不道早已。”泰戈尔认为人类如果扼杀了精神健康的发展，陷入不断滋生的贪婪之中，就不合自身的节律，如果这样的话，老子的“不道”就是一个预言。

（李美敏）

艺术家

作品选录

生命的基本欲望，是生存的欲望。它要求我们得到大量的训练和经验，以获取生活必需品。而我承认自己所食之粮、所穿之衣和所住之房，均体现了我所十分缺乏的惊人的知识、实践和组织能力，也不会让我付出太多代价；我发现，自己根本没有因为这种无知和无能而受到鄙视。凡是阅读我的作品的人，似乎都相当满意于我就是一位诗人，或许还是一个哲学家——对于后一项由于错误报道而得来的桂冠，我既不想领取，也不敢保留。

十分明显，尽管我有这些缺陷，在人类社会中，我却代表了一种职业，这一职业虽属多余，但却被认为值得嘉许。事实上，有人向我提供道义与物质方面的支持，以激励我培养自己在韵律方面的能力。如若一只愚蠢的黑鹂不会觅食、筑巢或避敌，但却专攻歌唱，那么它的同类就会在自己的遗传学的驱策下，尽职尽责地听任它饿死。我没有受到类似的待遇这一点，是动物的生存方式与人类文明之间巨大差异的证明。人的非凡之处就寓于人的生命的未定边缘，它为人的诸多梦想和创造提供了一个无限广阔的背景。人正是在这个自由王国之中才认识到自己的神圣的尊严，也就是自己的显示人的本性的伟大真理，并在我以诗人的身份向他，向作为自我显现者的“人”歌颂胜利之时感到欣喜。人还要继续探索创造许多世代，以使自己臻于完善。

实在，在其所有表现形式中，均以我们的富于情感与想象力的心灵为背景展现自己。我们认识实在，不是因为我们能够想象它，而是因为我们能够直接感觉到它。所以，即使实在被擅长逻辑思维的头脑所摒弃，它也不会被排除出我们的意识。作为一桩事件，它可能有益也可能有害，但作为一种显现，它的价值却在于它借助情感和想象力向我们提供一种经验这一事实；我们在一个特殊的认识领域感觉我们自己。在不伴有任何巨大的物质或精神风险时，这种感觉本身是令人愉快的；倘若能够超然于所有实际后果，我们甚至愿意感受恐惧或悲伤。这正是我们欣赏悲剧的原因。在悲剧中，痛苦的感觉唤醒我们的意识，使之强烈到白热化的程度。

我自己的自我的实在，对于我来说是直觉的和不容置疑的。其他任何以一种相似方式影响我的事物，对于我自己来说都是实在的，而且它为了自己的缘故，无可避免地吸引并抓住我的注意力，将它自己与我的人格融合在一起，从而使它更为丰富，更为博大，并给它带来欢乐。我的友人可能算不上漂亮、有用、富有或伟大，但他对于我来说是实在的；我可以从他的身上感觉到我自己的生命的延伸和我的喜悦之情。

我内心对实在的意识，为了进一步证实自己，试图与我身外的实在建立联系。在它未能如愿以偿时，我的自我就感到沮丧。在我们周围的事物单调乏味并且毫无意义，对我们的心灵没有情感作用时，我们对自己都变得茫然了。我们就像一些照片，其实情感需要令人惬意的背景的佐证。我们在孤独的幽禁中遭受的惩罚，在于实在世界与我们自己的实在之间的联系被迫中断，从而使后者在不再活跃的想象力处于一片混沌之时变得模糊不清：我们的人格被弄得模糊不清，我们由于我们的自我的缩小，失去了我们自己的存在的陪伴之谊。由于我们的信息的发展，对于我们来说，我们的认识世界扩大了；随着我们的个我，借助同情和想象，在我们自己的宇宙中获得的一种博大而深刻的体验，我们的人格世界在自己的领域中发展着。

原文

由于我们的无知，这一可以借助知识予以认识的世界对于我们就变得有限，所以能够被我们自己的个我认识的人格世界，也由于我们的同情心和想象力的局限而受到约束。在"感觉迟钝"的朦胧微光中，我们的世界的一大部分，在我们看来就始终像是一连串游荡的幽灵。从我们的意识的几个发展阶段看，我们或多或少能够将自己与这一世界合为一体，即使我们作为一个整体不能如此，也至少可以在局部如此；我们的欢乐，就赋予我们感觉自己与这一世界合一的地方。在艺术中，我们表现这种合一的喜悦，并由此认识到，这一世界对于我们具有人性意义。我有自己的物理的、化学的和生物的自我；随着我对物理、化学和生物等领域的知识的增加，我对这一自我的认识发展了。我有自己的个我，它与我们的感觉、情绪和想象进行交流，从而使它自己易受我们的各种欲望的影响和我们的意象的塑造。

科学驱策我们用自己的心灵占领浩瀚无垠的可知世界；我们的精神导师敦促我们以自己的灵魂充分理解存在于这个世界流转变换的事实深处的无限"精神"；我们的艺术天性的冲动，就是要认识人格在现象世界中的表现，即认识同我们内心的实在东西相互和谐的"存在"的实际。凡是在没有深刻感觉到这种和谐的地方，我们都是异邦人并且会永远思乡。人天生就是艺术家；他在自己的心灵中，从不被动而又精确地接受自己周围事物的物质性表现。通过人的感情和想象的作用，一个不断调整并变革各种事实从而使之适应人的意象的过程在持续进行着。动物了解自己出生地的地形；人了解自己的祖国，也就是他的个我所在地的地理。祖国的景象并不单纯是物质性的；它有着自己在艺术上的和谐，它是一种永恒的创造。在自己的祖国，人的意识没有障碍，他因而可以拓展自己的创造性人格的联系范围。为了卓有成效地生活，人必须认识各种事实及其法则。为了快乐地生活，他必须和与自己有关的所有事物建立和谐的关系。我们的创造就是对这种关系的修正。

在我们的历史上出现的伟大，不是作为一个静止的事实，而是作为一个活生生的形象，保留在我们的头脑中的。他们的生平的崇高启示，已经融入许多传说，形成一种一以贯之的壮丽景观，在世世代代的人们的生活中流传。我们在自己的头脑中，不断修正那些我们与之一道生活的人们的形象，使他们在我们的心目中比在初次单纯引见时所表现的更为实在。男人心目中的女性典范和女人心目中的男性典范，是由我们的想象力按照我们的期盼和愿望，经过心理上对各种品质和行为的组合而创造出来的，而男人和女人也有意无意地力求达到对方的理想标准。事实上，他们成功地使这两种典范分别适应自己的本性，从而相互达到一定的实在程度。说这些典范是想象出来的因而不是实在的，就人的情况而言是错误的。人的真正生命在于人自己的创造，创造体现了人的无限。人自然不同于仅仅存在而已的事物；这些事物对于人一定具有某种理想的价值，因此只有人的意识才能充分认识到它们是实在的。人们在他们作为孤立的自我时绝不是实在的，他们的想象力是一种才能，可以将关于他们自己的更大的存在的幻想置于他们的心目之前。

我们能够通过积极调整真理的相互关系而使之为我们所有。这是艺术的作用；实在不是以事物的实体，而是以关系原理为基础的。真理是形而上学所追求的无限；事实是科学所探寻的无限，而实在又是对将真理与人联系起来的无限的界定。实在是与人有关的；它是我们所意识到的一切，我们受实在的影响，同时我们也表现实在。当我们强烈地意识到实在时，我们也就意识到我们自己，同时实在给予我们喜悦。我们生活在实在之中，我们总是拓宽实在的范围。我们的文学艺术，体现了这种对人来说极其重要的创造性活动。

然而，与此有关的一个不可思议的事实是，虽然许多个人正在分别寻求自己的表现方式，他们的成功在性质上却绝非个人主义的。人们必须在其所有创造性作品中，找到、感到并表现造物主这位永恒的人。他们的文明就是对超验人性的持续发现。凡是文明未能成就的事项，都显示了艺术家的失败，即在表现方式上的失败；在任何文明中，如若个性阻挠普遍性的展现，这一文明就会消亡。实在是属于所有时代的人的真理，人们的任何对抗"人"的个人主义的疯狂，都不能长盛不衰。

人热望自己对一切在自己看来可谓实在的东西的感觉永不消亡；人的感觉必须找到一种永恒的表现形式。我的这一自我的意识，对我而言极其明显，以至它呈现出不朽的性质。我无从想象它过去不曾存在或现在不再存在。同样，所有在我看来可谓实在的事物，对我自己来说都是永恒的，因而值得用一种具有永恒意义的语言予以表述。我们知道一些个人有在某一庄严雄伟的文物性建筑墙壁上刻写自己名字的习惯。这种将他们自己的名字与属于所有时代和所有的人的艺术作品联系起来的方式是可悲的。我们对名声的渴望，源于我们想使我们心灵深处实在的东西成为客观实在的欲望。默无声息的人是无足轻重的，就像一颗无以证明自己存在的暗星。他总是等待艺术家赋予他最为充分的价值，这倒不是因为他有什么特别优异的地方，而是由于他当然是他以及他自身蕴涵着生命的永恒奥秘这一奇妙的事实。

我的一位中国友人同我一道在北京街头行走时突然热情洋溢地大叫："瞧！这儿有一头驴！"这当然是一头绝对寻常的驴，就像一件无可争辩不言而喻的事，无须他专门介绍。我被逗乐了；但这事却发我深思。这种动物通常被认为具有某些令人难以嘉许的脾性，于是眼前这头驴被匆忙赶走了。在我看来，它由于只能引发平淡无奇的联想而黯然失色；我只是不假思索地断定我熟悉它，因而我几乎没有看见它。然而，我的友人却具有中国艺术家的头脑。他并不以肤浅的认识对待这头驴，而是能够以新的眼光审视它，并认识到它是实在的。当我说“实在”一词时，我意味着，那头驴并不是处于我的中国友人的意识边缘，只与一条狭隘的定义联系在一起，而是无疑已经融入他的想象之中，产生出一幅幻象。一种线条、色彩、生命和运动的特殊的和谐，从而在实质上为他所有。让一头驴进入客厅会受到强烈反对，但却没有谁会禁止它在绘画中找到一个位置。这样的绘画反倒可以陈列在客厅的墙壁上引人赞赏。

只有在艺术迫使我们说“我看见了”之时，艺术真实的唯一证据才会存在。我们在自然界中可能从一头驴身旁经过而置之不理，但我们对于艺术作品中出现的一头驴却必须做出反应，即使它是一个无视自己在自然发展过程中的所有责任的不体面的怪物，即使它头似蘑菇而尾如棕叶。

在奥义书中，一篇寓言说，有两只鸟栖息在同一树枝上，其中一只在进食，而另一只在旁观。这是一个对无限存在和有限自我的相互关系的像喻。旁观的鸟的喜悦是巨大的，因为这是一种纯粹而自由的喜悦。在人身上就存在着这样两种鸟，客观的鸟忙于生活事务，主观的鸟充满清高的幻想之乐。

有个孩子走到我身边，命我给她讲个故事。我给她讲一只老虎，厌恶自己身上的黑色条纹，于是来到我的受惊的仆人面前，要一块肥皂。这故事让我的小听众感到极大的快乐，一种由幻象引发的快乐，她从心里喊道：“它就在这儿，我看见了！”她在博物学图书中已经认识了老虎，但她能够看到我的故事中的老虎。

我确信，连这个年仅五岁的孩子也知道，不会有这么一只没有虎气跑出来荒唐地寻求一块肥皂的老虎。对她来说，这只老虎的可乐之处，不在于它的壮美、它的有用或它存在的可能性，而在于她能够在心灵中看见它这一不容置疑的事实，而且比她看见自己周围的墙壁时视觉更为清晰——那些墙壁蛮横地喊叫，它们的存在证据确凿，但这样的证据却是非本质的。故事中的老虎是必然的，它有一个完整形象的特质，这一形象为它本身的真实性提供了证明。这位听者自己的心灵就是见证，她的直接体验不容否认。一只老虎必须像其他所有的老虎一样，以便它可以在一部科学图书中拥有自己的位置；它在那里必须是一只全然得到宽容的普通老虎。但在这个故事中，它却异乎寻常，它绝不能再被复制。我们所以认识某个事物，是因为它属于一个种类；我们所以看见一个事物，是因为它属于自己。这个故事中的老虎完全超然于自己种类中的所有其他老虎，因而轻而易举地在那位听者心目中具有鲜明的个性。这个孩子能够栩栩如生地看见它，因为它借助于她的想象力已经成为她自己的老虎，与她融为一体，而这种主体和客体的结合让我们感到喜悦。这难道是因为它们之间在事实上没有分离吗？分离即幻，幻乃宇宙。

在我们的历史上，曾经有过由于认识到一种远远超越平淡无奇的日常琐事的实在，一大群人的意识突然受到启迪的时候。世界变得生气勃勃；我们观看它，我们用自己的全部灵魂感受它。曾经有过佛陀的声音穿越物质的和精神的障碍传到遥远的海岸这样一个时候，那时，我们的生命和我们的世界，都在它们与给予我们爱的解放的那个中心人物的关系中发现了自己的深刻意义。人们为了使这一伟大的人性体验永远不被遗忘，决心做看似不可为之事；他们让危岩说话，顽石唱歌，洞穴记事；他们的表达喜悦与希望的呼喊，沿着山冈和沙漠，穿越荒芜的僻壤和人烟密集的城市，以种种不朽的形态出现。一种声势浩大的创造性活动，不顾种种咄咄逼人的障碍，终以众多令人惊叹的雕刻建立起非凡的功业。在东方各大陆多半地区进行的这种宏大的活动，清楚地问答了“什么是艺术”这一问题。艺术是人的具有创造性的灵魂对“实在”的呼唤的回应。

若干世纪以前，在孟加拉曾经有过一段时间，以人的灵魂为自己的永恒场地的礼神爱情剧，得到流露出对神的深刻证悟的人格的生动展现。整个民族的脑海，被一种将世界视为工具的幻想所搅动，由此传出前往天堂聚会的邀请。神发出的爱的召唤的不可言喻的奥秘，体现在一连串由各种色彩与形式构成的无穷无尽的景象之中，激起冲决古典俗套樊篱的音乐活动。我们孟加拉的吉尔坦音乐问世，犹如整个民族心中火热的情感旋涡抛出的一颗明星，而人民的意识也由于一种对“实在”的感觉而躁动不已，对于这一点必须予以充分的承认。

艺术的目的，就是要以其最丰富的方面，在我们的心灵中唤起对“实在”的深刻感觉。人们可能会问有关音乐在我的这一理论中占有什么地位这样一个问题。音乐是所有艺术中最抽象的，正如数学是科学领域中最抽象的。事实上，这两者相互之间有一种深邃的关系。数学是有关数量关系与空间形式的学理。它因此被用做我们的科学知识的基础。当数学脱离与现象世界的具体联系并简化成为各种符号时，它展现了自身全部的结构上的庄严，也就是它自身的完美和谐的必然。然而，并不仅仅是数学的逻辑，而且还有数学的魅力在现象世界起作用，从而造成和谐——相互关系的韵律。这种和谐的韵律，是从其寻常的具体的背景中提取出来的，并通过声音媒介表现出来。因此，“存在”中表现的纯粹实质，是由音乐提供的。以声音为表现形式时遇到的阻力最小，因而可以享有不为各种事实和意向所累的自由。这就赋予它一种力量，使它可以在我们心中唤起一种亲切的实在感。在绘画、造型和文学等艺术部门中，客体和我们对它的感觉，犹如玫瑰和它的馥郁气息，是紧密联系在一起的。在音乐中，提炼成为声音的感觉自身，变成一个独立的客体。它呈现出清楚明确的调式，但却具有难以言喻的意义，而这意义还以一种绝对真理的旨趣，紧紧抓住我们的心灵。

正是数学的魔术，也就是居于所有创造活动中心的韵律，在原子中运行，并以其不同的比例，塑造着黄金与铅、玫瑰与刺、太阳与行星。这些事物都是数量在时空舞台上的舞步，它们编织着摩耶，也就是现象的图案、连续不断的流转变迁、既永远存在又不曾存在的一切。正是韵律从一片混沌中搅出各种形象，并使一切无从捉摸的事物变得可以触知。这就是摩耶，这就是创造中的艺术和文学中的艺术，而文学是韵律的魔术。

我们是否应该就此为止呢？我们所认识的理智的真理，不也是一种有关事实之间关系的韵律吗？它编织着理论图案，并产生一种令人信服之感。它所折服的人总会确信自己认识真理。我们所以相信任何事实是真确的，是由于一种理性的和谐，也就是一种理性的韵律，它的过程是可以用数学的逻辑予以分析的，但对它在我的身上产生的结果却不可以如此，这正如我们能够计算音符的数量，却不能解释音乐一样。奥秘是我被折服了，而这也属于创造的摩耶，而且它的一个重要的不可或缺的因素，就是我所体现的这一具有自我意识的人格。

而“另一个因素”呢？我认为，那也是一种具有自我意识的人格，并与我的人格构成永恒的和谐。

（刘　建　译）

赏析

1930 年 5 月，诗人泰戈尔应希伯特基金会的邀请在英国牛津大学曼彻斯特学院发表一系列关于宗教与艺术的演讲，称为“希伯特讲座”。1931 年，

赏析

泰戈尔将讲稿加以整理，以《人的宗教》为书名结集出版。他在序言中直言书中收录的文章是“从我人生中一段相当长的时期内在世界上不同的国家发表的许多讲演和谈话的收获中拾取的落穗”。这本书于诗人古稀之年发行，蕴涵着深邃的人生感悟，闪烁着金色的睿智之光。此书刊行之后，在印度和西方一直不断再版，成为后人研究泰戈尔宗教艺术思想的重要著作。

泰戈尔的宗教，不同于神学意义上的宗教。他在不少作品中声称他自己的宗教是诗人的宗教，艺术家的宗教，而不是正统虔诚的人的宗教，或神学家的宗教。在《人的宗教》第九章《艺术家》中，泰戈尔以宗教般的虔诚、诗般的笔墨抒写他的艺术思想，诘问何为艺术。他认为艺术是人的具有创造性的灵魂对“实在”的呼唤的回应，艺术的目的就是要以其最丰富的想象和情感，在人们心灵中唤起对“实在”的深刻感觉。那么，何为“实在”，这是理解本文的关键词。以笔者粗浅的理解，在文中，泰戈尔所说的“实在”，即是审美体验或主观情感。泰戈尔认为人与自然万物的区别在于人能在审美中体验到最高的真实，而艺术与科学的区别在于科学认识无限的可知世界，艺术让灵魂审美地体验无限的未知世界，体验主客合一的喜悦。

在泰戈尔看来，审美体验需借助丰富的情感和想象力，艺术的价值在于引发人们的想象，使人获得审美体验。诗人举了不少生动的例子说明这一观点。在北京街头，一头寻常的驴之所以引发朋友热情洋溢的惊讶，完全在于朋友超越日常经验，以审美的眼光观看驴。这头在大多数人看来平淡无奇的驴，却因为融入了朋友的想象而在他的心中产生一幅美好的幻象，令他愉悦无比。诗人曾经给一个小孩讲过老虎要用肥皂洗掉斑纹的故事。故事中的老虎经由诗人的艺术加工，已经不是生物学意义上的老虎，而是有鲜明个性的艺术形象。而听故事的小孩感到极大的快乐，是因为借助丰富的想象力，将心中所构想的老虎形象与故事中的老虎形象互相辉映，获得了极大的审美喜悦。在诗人看来，审美体验不局限于艺术家，也不局限于对艺术品的观照。他说:“我们生活在实在之中,我们总是拓宽实在的范围。”他认为,想象力是人的创造性才能,也是人的基本才能,人天生都是艺术家,都有艺术天性的冲动,人通过发挥情感和想象力,达到审美的自由。

泰戈尔是一位极具思辨才华的艺术家。在文中,他以生动的笔调阐明想象力与主客二体的关系。他引用奥义书中一鸟啄食,一鸟观食的寓言喻说无限存在和有限自我的关系,认为人是主客合一体,既是物质的客观的人,又是充满艺术幻想和审美想象的主观的人。借助想象力和情感力,人能实现主客合一,获得博大深刻的体验,人格走向圆满;而主客分裂,“实在世界与我们自己的实在之间的联系被迫中断”,则人格黯淡。在艺术中,人们可以表现或体悟主客合一的喜悦,“客体和我们对它的感觉,犹如玫瑰和它的馥郁气息”,唤起了人内心深处的审美体验。在主客二体关系中,主体阐释客体。比如我们认识历史上的伟人,实际上是,所谓的伟人,皆由“我们的想象力按照我们的期阶和愿望,经过心理上对各种品质和行为的组合而创造出来的”。我们所建构的客观的伟大形象在很大程度上透露出自己梦想的主观的人格。

艺术作为人类一种崇高的精神活动,致力于表现人性中的真善美,表现人的最高价值。作为一个伟大的艺术家,艺术就是他的宗教。泰戈尔曾经在《一个艺术家的宗教观》中写道:“我的宗教本质上是一个诗人的宗教……我的宗教生活像我的诗歌生活一样,沿神秘的路线发展。”他盛赞佛教艺术在东方取得的成就,并认为佛教使人类仁爱之心得以弘扬,佛教艺术是佛教精神与客观实在物的完美结合,“他们的表达喜悦与希望的呼喊,沿着山冈和沙漠,穿越荒芜的僻壤和人烟密集的城市,以种种不朽的形态凝固下来”。在诗人泰戈尔的眼中,艺术的归旨是人的艺术,宗教的归旨也是人的宗教,艺术与宗教相似,是人的心灵与客观世界联系的桥梁,是无限与有限之间的连接。

(蔡　枫)

文明的危机

今天我八十岁了，我眼前呈现人生的广阔领域。我目光淡然地从一端望见最前的地平线上生活起步的情景。我感到我的人生历程和整个国家的思想轨迹断为两截，断裂自有其痛楚的缘由。

我们直接通往伟大的人类世界的桥梁，是当时的英国历史。印度的这位外来者，伫立在神圣的文学峰巅上，我们的切身感受中，它的真相逐渐暴露出来。当时，我们缺少寻求知识所需要的不同来源的足够川资。现在，传授各种知识的中心以不断更新的方式揭示世界的本质和其力量的奥秘，那些知识的大部分当时是鲜为人知的。自然科学的专家堪称凤毛麟角。通过英语熟悉和欣赏英语文学作品，是高雅情趣和博学多才的标志。日日夜夜，到处回荡着鲍尔克式的辩辞和麦考莱式的抑扬顿挫的语调；热烈地探讨莎士比亚的戏剧，拜伦的诗歌，以及政界名人的胜利宣言。诚然，我们开始探索祖国独立的道路，但心里总相信英国的开明。那种信念是如此坚深，以至于我们的先驱们一度认为，失败民族的独立之路，会因征服民族的仁慈而变得宽广。产生那种信念的背景是，英国曾经有过被压迫民族的庇护所，有过为民族尊严献身的志士仁人的尊贵的席位。我在接触过的英国人的品行中，看到人类友谊的纯真，因此怀着由衷的敬意，让他们坐在我珍贵的心座上。当时，帝国的疯狂尚未玷污英国人本性的友善。

少年时代我曾在英国学习，在议会内外的会议上听过约翰·布莱特的演讲。我从中听到了英国人隽永的心声。那演讲中昭示的宽广胸怀，超越一切民族的狭隘界限，影响深远，我至今记忆犹新。在“至美”迷途的今天，我依然珍藏着当年的回忆。

原文

依靠别人固然不是光荣的事，然而，在阅历尚浅的年月里，我们看到的人性的崇高形象，哪怕是在外国人身上表现出来的，也敬重地毫不迟疑地接受了，这还是值得称道的。其原因在于，人最美好的东西，不可能囿于某个狭隘民族范围内，绝不是守财奴关闭的库房里的财物。所以我从中汲取了营养的英国文学的胜利号音，至今在我心田回响。

我们把"civilization"译成"萨维达"①。其实孟加拉语中不容易找到与"civilization"完全对应的单词。我国古今使用的单词"萨维达"，种姓制度的鼻祖摩奴称之为"善行"，实为某些社会法规的限制。古代关于社会法规的观点，局限于狭小的地域。在萨罗室伐底河和特里斯帕梯河之间极盛一时的巴拉马波尔特国，把世代流传的仪式也叫作"善行"。这些仪式以风俗为基础，残酷而不公道。由于这个原因，盛行的礼教只重视我们的举止，蛮横地剥夺了心灵的自由。摩奴在巴拉马波尔特国制定的善行标准，渐渐演化为民俗。我刚踏上人生旅途的时候，受过英国教育的知识分子心里，正蔓延着反叛外在礼教的情绪。只要读一读罗贾纳拉扬先生撰写的有关教育界现状的文章，就能明白这一点了。我们糅合文明理想和英格兰民族特性，用以取代善行。在我们的家庭中，无论是宗教观点、社交方式，还是理性的家教等方面，这种嬗变被全盘接受了。我就是在那样的文化氛围中出生的。我们天性的文学爱好，合乎情理地把英国人扶坐在高位上。这是我人生的第一阶段。之后，出现了异常痛苦的隔阂。我时常发现，承认文明是从心灵之泉喷涌出来的一些人，为欲望所驱使，肆意破坏着文明。

有一天，我冲破意蕴深厚的文学作品的包围，走到书斋外面。我面前印度民众的极端贫困是那样触目惊心。对于身心不可缺少的食品、衣服、饮用水和教育的严重匮乏，在世界上实行现代统治的任何国家，是不会出现的。而正是印度，一百多年来不得不为英国提供了大量财富。我专注地回顾文明世界的业绩的时候，无法想象打着文明旗号的人类理想会有如此悲惨的变态。最后我察觉到，这种变态暴露了文明国家对别国亿万群众的无限冷漠和鄙夷。

英国依仗机器动力维持其世界霸权，印度却被剥夺了充分使用机器的权力。我看到日本广泛使用机器，在各方面迅速富强了起来。我曾亲眼目睹日本的繁荣和日本国内的文明统治。在苏联的莫斯科，我看见劳动群众为普及教育、提高全民的健康水平，不遗余力地工作，荡涤着辽阔的沙俄帝国的愚昧、贫穷和自悲自贱。他们的文明捐弃民族歧视，处处扩展着真挚的人际关系的影响。在莫斯科，苏俄出色的行政管理，令我赞叹不已。我注意到穆斯林和非穆斯林群众之间，没有围绕国家权力分配爆发冲突；统治制度起着真正维护双方的共同利益的作用。目前，主要是两个国家——英国和苏联，拥有对其他许多国家施加影响的国力。英国一向扼杀其他民族的斗志，使之一蹶不振。但苏联政府与沙漠地区游牧的几个穆斯林民族建立了同盟关系。我可以作证：他们从各方面使少数民族强盛的努力是始终如一的。我读了有关的书籍，见过苏联政府尽力将他们培养成合作者的事例。这种政府的影响，从任何意义上说，都不是粗暴的，不会损害人性。那儿的统治，绝非外国势力的碾压机般的可怕奴役。此外，我看到觉醒的波斯国，被两个欧洲国家蹂躏的时候，千方百计增强自身的力量，终于免受欧洲的疯狂进攻的獠牙所咬啃。早先拜火教徒和穆斯林之间残酷的拼杀，已在文明统治下完全平息了。否极泰来的主要原因，是他们冲出了欧洲国家的阴谋之网。我衷心祝愿波斯国繁荣昌盛。在我们的邻邦阿富汗，教育和社会政策的意义深远的优越性尚未显露，但显露的可能性完好无损；唯一的原因，是炫耀文明的欧洲国家征服不了它。阿富汗在发展和自由之路上阔步前进。

印度胸脯上压着英国文明统治的磐石，坠入一筹莫展的停滞的困境。

英国为牟取暴利，凭借武力，用鸦片毒害像中国那样幅员辽阔的文明古国，攫取中国的一部分土地。当我渐渐淡忘昔日那种悲剧的时候，又看见日本在侵吞华北。英国制定国家政策的权贵们，轻狂地把日本的强盗行径视为一件不足挂齿的区区小事。之后，我遥遥地望见英国玩弄花招，凿毁了西班牙共和国政府的基石，也望见一群英国人因西班牙的危境而投降。虽然英国人的慷慨在面临危亡的中国未能恰如其分地表现出来，但当我看到他们的某些英雄为维护欧洲平民的独特个性而献身时，我不由地记起，我一度视英国人为人类的造福者，深信不疑地尊敬他们。

今日，我冷静地回顾了对欧洲国家的天然文明的信任逐步丧失的可悲过程。推行"文明"统治，导致印度目前最深重的灾难，不但是缺少食品、衣服、令人悲哀的教育、健康水平的低下，还在于印度人民中间惨痛的自我分裂。类似的情形，我在印度之外的伊斯兰国家还没有见过。我们的危险在于，只把这种灾难归咎于我们的社会。这种越来越骇人听闻的灾难，假如在远离印度统治机器的僻静的所在，不靠挑唆加以培植，那么，就不至于造成印度历史上凌辱人格的不文明局面。印度人的才智在某个方面比日本人差，这是不可置信的。两个东方国家的主要区别在于，印度被侵占，推行英国统治，而日本不在任何西方国家的卵翼之下。外国人的文明，你愿意称之为文明的话，我深知它掠夺了我们的什么珍异。它手持棍棒炮制的东西，取名为法律和秩序，是地地道道的舶来货和护门神。西方国家的文明已没有慎重对待民愤民怨的耐心，它向我们显示的是武力而不是自由的本相。实际上，人与人的关系最为珍贵，堪称真正的文明，它的悭吝，严密阻塞了印度人民发展的道路。

我个人荣幸地结识了几位心地善良的英国人。我在别国的任何教派中不曾见到他们和我的纯洁友情。他们至今把我的信任与英国维系在一起。例如查尔斯·弗里伊·安德鲁斯先生，我有幸作为朋友，在身边看到他是一位真正的英国人，真正的基督教徒，真正的世界公民。在死亡临近的时刻，他那无私无畏的高尚品德，放射出熠熠光辉。我与印度感谢他有多种原因，私交则更使我对他感激不尽。青年时期，在英国文学的氛围中，我全身心地表达对英国的纯净的敬意，在耄耋之年，他协助我抹掉记忆中英国的狭隘和污点。对他的怀念和英格兰民族内在的崇高灵魂，是我心空闪闪发光的北斗星。我把他们当作挚友，认为他们是所有民族的友人。他们的友情是我一生中积累的一份宝贵财富。我觉得他们能从沉船中打捞出英国的伟大。若不与他们结识，不与他们朝夕相处，我对西方国家的失望，是不会受到抗议的。

最近，在整个欧洲，野蛮张牙舞爪，散布着恐惧。折磨人类的瘟疫，在西方文明的骨髓里复活，凌辱着人类灵魂，侵染着山川平原上吹拂的和风。处于无助的密不透风的苦厄中，我们难道不曾获得预兆？

物换星移，天道无常。英国迟早要放弃印度帝国。但它留给我们的是怎样的一个印度呢？一堆可怜的贫困的垃圾？一百多年的统治之河干涸之时，宽阔泥泞的河床承托着目不忍睹的悲凉？在人生的起点，我由衷地相信欧洲心中的宝藏是文明的贡献。可是在行将辞别人世之际，我的相信彻底破产了。

我坚信救世主即将诞生在贫穷困扰的茅屋里，我期待着他走出东方的地平线，携来文明的福音，对人们做出最可信的承诺。

我的人生之舟向彼岸驰去。背后的码头上，我遗留下什么？我看见了什么？历史残剩的微不足道的文明的废墟？不错，对人类失去信心是一种罪过，一息尚存，我满怀信心。我希望一场毁灭之后，满天的愁云惨雾荡然无存，从红日东升的地平线，铺展洁净的历史篇章。不可战胜的人民踏上恢复尊严的道路，排除万难，胜利向前。

我一贯认为：断言人性的失败无可挽回、永无尽头，无异于犯罪。

我留下的遗言是：证明强权者耀武扬威、暴戾恣睢并非安全的日子已经来到。未来的岁月必将证实：

伟人冉冉降临，
遍野的芳草瑟瑟喜颤。
天国吹响法螺，
胜利的锣鼓响彻人间。
伟大的诞生日，
黑夜的城堡轰然倒塌。
莫怕！莫怕！莫怕！
在旭日喷薄的东山之巅，
这庄严响亮的呐喊
把新生活的美景展现。
胜利属于新的一代！
欢呼声回荡在明丽的蓝天。

圣蒂尼克坦　1941 年 5 月 7 日

（白开元　译）

注释：

① 孟加拉语单词，意谓文雅，文明。

赏析

这是泰戈尔的散文绝笔，该文控诉了殖民统治的恶行，相信祖国今后必将获得独立解放。虽然，散文演讲后三个月诗哲就与世长辞了，然而该文慷慨激昂的字句，留给我们的是力量，是奋进。

赏析

众所周知，泰戈尔是一个十分热爱祖国，强烈关心人民命运的作家，其晚年的作品更是体现了强烈的民族意识。《文明的危机》就是一篇充满着浓郁爱国精神和人道主义精神的散文，可见他直到临终还不忘反思当代社会现状，关注祖国的前途命运。"我冷静地回顾了对欧洲国家的天然文明的信任逐步丧失的可悲过程。推行'文明'统治，导致印度目前最深重的灾难，不但是缺少食品、衣服、令人悲哀的教育、健康水平的低下，还在于印度人民中间惨痛的自我分裂。"这种伟大的人格魅力和人文关怀，让无数读者为之倾倒，更重要的是这篇文章极大地鼓舞了人民的斗争意志，为印度民族的独立解放做出了很大的贡献。他控诉西方所谓的"文明"其实是掠夺他人的一切："英国依仗机器动力维持其世界霸权，印度却被剥夺了充分使用机器的权利……外国人的文明，你愿意称之为文明的话，我深知它掠夺了我们的什么珍异。它手持棍棒炮制的东西，取名为法律和秩序，是地地道道的舶来货和护门神。西方国家的文明已没有慎重对待民愤民怨的耐心，它向我们显示的是武力而不是自由的本相。"

《文明的危机》标志着泰戈尔的思想上升了一个新高度。该篇散文演讲之时，印度仍未独立，第二次世界大战正在进行，文明正处于危难之中，当时，泰戈尔对西方曾经辉煌的文明失望了，对文明的理想幻灭了。"我一度视英国人为人类的造福者，深信不疑地尊敬他们"，可"最近，在整个欧洲，野蛮张牙舞爪，散布着恐惧。折磨人类的瘟疫，在西方文明的骨髓里复活，凌辱着人类灵魂，侵染着山川平原上吹拂的和风"。于是，他控诉英国在印度的统治，而且还谴责英国为牟取暴利，用鸦片毒害中国，攫取中国的一部分土地。尽管如此，文章并没有让人绝望透顶，泰戈尔深信祖国必将获得独立，正义并将获得胜利，他说只要"一息尚存，我满怀信心。我希望一场毁灭之后，满天的愁云惨雾荡然无存，从红日东升的地平线，铺展洁净的历史篇章"。笔锋一转，愁云散开，希望再次展现。

有意思的是，泰戈尔似乎并没有完全拒绝西方文明。西方帝国主义的残酷的确让泰戈尔感到气愤，可该文又肯定了西方文明的某些贡献。诗人在文中追忆了自己青年时期在英国求学的日子是多么的幸福和记忆犹新，“在议会内外的会议上听过约翰·布莱特的演讲。我从中听到了英国人隽永的心声。那演讲中昭示的宽广胸怀，超越一切民族的狭隘界限，影响深远，我至今记忆犹新。在‘至美’迷途的今天，我依然珍藏着当年的回忆”。文末，泰戈尔还提到他结识的几位心地善良的英国人，“觉得他们能从沉船中打捞出英国的伟大”，可见泰戈尔还是肯定西方文明曾经有过的辉煌的。1998 年诺贝尔经济学奖得主阿马蒂亚·森曾著文说：“泰戈尔执著地坚持两个方面，一方面要从西方汲取有益的知识，包括‘探讨莎士比亚的戏剧，拜伦的诗歌以及最重要的……19 世纪英国政治自由主义的宽大胸襟’。另一方面又认为这些有益的东西已被‘英国政府的威力重压所扼杀’，另外，‘英国对那个伟大的、拥有悠久文明的中国的悲惨命运负有不可推卸的责任’。”阿马蒂亚·森分析得特别精到，泰戈尔的这种对西方文明的矛盾态度，与他坚持全人类友爱的博爱思想和辩证思想是密切相关的。

如果说泰戈尔的作品主题激发人们反思，那么其不凡的艺术技巧则有深化主题的功效。《文明的危机》不同于泰戈尔大部分作品，它没有什么景物的渲染，也没有表达对神的崇敬，有的只是寥寥数笔，却生动地把文明危机的产生，把泰戈尔抽象的观点勾勒出来，可谓立意深刻、主题鲜明、思维缜密、深入浅出。虽说该文是政言论文，却不乏诗意盎然之句。文章最后泰戈尔以启示诗篇结尾：“伟人冉冉降临，遍野的芳草瑟瑟喜颤。天国吹响法螺，胜利的锣鼓响彻人间。伟大的诞生日，黑夜的城堡轰然倒塌。”“瑟瑟喜颤”的芳草，轰然倒塌的“黑夜的城堡”，这拟人、比喻手法把国家必将解放的信念生动地表达了出来，读之让人振奋，鼓舞人心。

（黄　蓉）

附录

Rabindranath Tagore

1861 年

5 月 7 日出生于加尔各答。

1869 年　8 岁

进东方学校。后又改在加尔各答进师范学校。

1870 年　9 岁

进英国人办的孟加拉学校。后由家庭教师授课。

1874 年　13 岁

进圣泽维尔学校，不久辍学，由家庭教师授课。

1875 年　14 岁

在《甘露市场报》上发表爱国诗篇《献给印度教庙会》。

1876 年　15 岁

发表第一首长诗《野花》。

1877 年　16 岁

为大哥创办的《婆罗蒂》杂志写稿，发表第一篇短篇小说《女乞丐》。

1878 年　17 岁

去英国留学，攻读法律。在《婆罗蒂》杂志上连载《旅欧日记》。

1880 年　19 岁

3 月，返回印度。

1881 年　20 岁

发表著名论文《鸦片——运往中国的死亡》、音乐剧《瓦尔米基的天才》、诗剧《破碎的心》。在《婆罗蒂》杂志连载长篇历史小说《王后市场》。

又去英国学习，但中途折回。

1882 年　21 岁

抒情诗《暮歌》出版，文名大震。

1883 年　22 岁

创作诗剧《大自然的报复》（次年发表）。杂文集《杂论》、抒情诗《晨歌》出版。

9 月 11 日，与穆里纳莉妮·黛维结婚。

1884 年　23 岁

参加“梵社”，并担任秘书，历时二十年。

在印度宗教改革运动的问题上与班吉姆在杂志上展开争论。

诗集《画与歌集》、《帕努辛赫诗抄》、《儿童之歌集》出版。发表散文集《纳莉妮》和短篇小说《河边的台阶》，诗剧《大自然的报复》、诗歌《瀑布的觉醒》。

1885 年　24 岁

创作长篇历史小说《贤哲王》，在《少年儿童》杂志连载。

1886 年　25 岁

发表著名的儿童幻想诗集《新月集》。诗集《刚与柔》出版。

2 月 22 日，长女玛图莉莱达出生。

1887 年　26 岁

参加社会改革，作关于印度婚姻制度的

报告,公开谴责童婚习俗。

1888 年　27 岁

长子罗亭德拉纳特出生。

1889 年　28 岁

创作无韵诗体剧本《国王和王后》。

1890 年　29 岁

8 月 22 日,去意大利、英国和法国旅行。

11 月 3 日,回到印度。

诗集《心灵集》出版。

把《贤哲王》改编成诗剧《牺牲》,并在家里组织演出。

应父亲要求,接管家族产业。

1891 年　30 岁

与侄子苏伦创办文学月刊《实践》,1895 年停刊。

1892 年　31 岁

发表短篇小说《弃绝》、《喀布尔人》,诗剧《齐德拉》(1936 年改编成舞剧)。

1893 年　32 岁

发表短篇小说《摩诃摩耶》、《素芭》等。

1894 年　33 岁

担任孟加拉文学协会副主席。

小儿子绍明德拉纳特出生。

短篇小说集《小说汇编》一、二集,诗集《金色船集》出版。发表著名诗篇《两亩地》、诗剧《离别时的诅咒》。

1896 年　35 岁

诗集《江河集》、《收获集》出版。诗集《缤纷集》出版,其中收有著名叙事诗《两亩地》。创作诗剧《玛丽妮》。

1898 年　37 岁

在加尔各答群众集会上发表名为《窒息》的演说,谴责英国殖民当局对民族运动领袖提拉克的迫害。

1899 年　38 岁

发表短诗集《尘埃集》。

1900 年　39 岁

在民间故事和宗教、历史传说基础上创作《故事诗》及《喀布尔人》、《摩诃摩耶》、《光明和黑暗》等短篇小说。出版诗集《故事诗集》、《故事集》、《刹那集》和《幻想集》。

1901 年　40 岁

任《孟加拉观察》杂志编辑至 1906 年。

在该杂志连载长篇小说《眼中的沙粒》。

诗集《祭品集》出版。

到圣蒂尼克坦办学。12 月 22 日,梵行院正式开学。

在圣蒂尼克坦创办"自然学园",从事儿童教育实验。

1902 年　41 岁

11 月 23 日,妻子病逝,写哀悼诗,1903 年结集出版，题为《怀念集》。创作长篇小说《沉船》，1903年在《孟加拉观察》连载。

1903年　42岁

出版诗集《儿童集》。

1905年　44岁

1月15日，父亲在加尔各答逝世。

来到加尔各答，投身民族独立运动，发表演说，领导示威游行，并创作了不少激动人心的爱国歌曲。

创作反对封建婚姻制度的小说《沉船》。

创办政治性月刊《宝库》。

参加反对英国殖民当局分裂印度的司瓦代什运动。

1906年　45岁

诗集《渡口集》、长篇小说《沉船》出版。

1907年　46岁

担任孟加拉文学大会主席。

创作《奥罗宾多，罗宾德拉纳特向您致敬》一诗。发表论文《疾病与治疗》，阐明自己对争取印度独立的观点。文学论集《文学》出版。

1908年　47岁

主持孟加拉邦政治协商会议。

开始创作长篇小说《戈拉》。发表诗集《故事和叙事集》、《致敬集》，论文集《皇帝和臣民》、《集体》、《社会》、《教育》和《自治》。诗剧《秋天的节日》、散文剧《皇冠》出版。

1909年　48岁

完成《戈拉》及剧本《赎罪》。宗教、哲学演讲集《圣蒂尼克坦》1—8集出版。

1910年　49岁

孟加拉语诗集《吉檀迦利》出版。发表散文剧本《暗室之王》。在《布拉巴希》杂志上连载《戈拉》。在《侨民》连载《回忆录》。创作剧本《邮局》、著名歌曲《人民的意志》(1950年被定为印度国歌)。演讲集《圣蒂尼克坦》9—11集出版。

在孟加拉省博尔堡镇圣蒂尼克坦村创办了一所学校，1921年改为国际大学。

1911年　50岁

演讲集《圣蒂尼克坦》12—13集出版。

1912年　51岁

5月27日，去英国和美国旅行。

发表书信集《碎叶集》。英文本诗集《吉檀迦利》由叶芝作序在伦敦出版。

1913年　52岁

获得诺贝尔文学奖。

英文诗集《园丁集》、《新月集》出版。

9月4日，返回印度。

1914年　53岁

发表短篇小说《一个女人的信》。

1915年　54岁

去日本、美国访问。

发表《卡比尔的诗歌》。演讲集《圣蒂尼克坦》14 集出版。

1916 年　55 岁

5 月，去日本和美国访问，分别发表题为《国家主义》和《人格》的讲演。

长篇小说《家庭与世界》和《四个人》，演讲集《圣蒂尼克坦》15—17 集出版，剧本《春之循环》和短篇小说集《小说七篇》出版。诗集《鸿雁集》，英文诗集《采果集》和《飞鸟集》发表。

1916 年　56 岁

3 月，返回印度。

完成长篇小说《家庭和世界》。

1917 年　57 岁

在加尔各答的印度国大党会议上朗读诗篇《印度的祈求》。

1918 年　58 岁

诗集《逃遁集》出版。

1919 年　59 岁

发表游记《日本记游》、长篇小说《家庭和世界》。

1920 年　60 岁

出版短篇小说集《第二个》。

1921 年　61 岁

3 月，去巴黎、瑞士、德国、瑞典、澳大利亚、捷克斯洛伐克等国访问。7 月，返回印度。

12 月 23 日，国际大学正式成立。

英译本《沉船》、英文本《游思集》出版。

1922 年　62 岁

创作剧本《摩克多塔拉》。发表散文诗集《随想集》、《精品集》、《书简集》，象征剧《摩克多塔拉》。儿童诗集《儿童的湿婆集》出版。

1923 年　63 岁

英文本《戈拉》出版。发表音乐剧《春天》。

1924 年　64 岁

4—5 月，访问中国，对当时苦难深重的中国人民表示深切的同情。在上海、杭州、济南、北京、太原等地发表演讲，会见鲁迅。回国后出版散文《在中国的谈话》。

9 月，应邀去秘鲁访问。因病在布宜诺斯艾利斯停留，住在维卡多利娅·奥坎鲍的别墅里，在此创作诗歌(次年以《黄昏之歌》为名出版)。

1925 年　65 岁

年底，被选为印度哲学大会主席。

1926 年　66 岁

发表剧本《红夹竹桃》、《舞女的祭拜》、《单身汉俱乐部》和《势均力敌》等。

1927 年　67 岁

创作长篇小说《纠缠》。发表诗集

《随感录》。

1928 年　68 岁

访问锡兰，开始作画。

创作长篇小说《最后的诗篇》（次年出版）。发表散文剧《最后的防卫》。

1929 年　69 岁

发表长篇小说《最后的诗篇》、诗集书信集《旅行者》。

1930 年　70 岁

3 月，出访法国、英国、德国、瑞士、苏联、美国，并举办个人画展。在英国牛津大学希伯特讲座讲学，发表题为《人的宗教》的讲演。

在《侨民》杂志上发表《俄国书简》。

1931 年　71 岁

诗集《聚宝集》、《森林之声集》和《通俗读物集》，《泰戈尔全集》出版。发表剧本《新颖》和《摆脱诅咒》。

1932 年　72 岁

发表剧本《时间的流逝》。诗集《总结集》和《再次集》、英文诗集《金色的书》出版。

1933 年　73 岁

发表中篇小说《两姐妹》，诗集《五彩集》，剧本《纸牌王国》、《不可接触的姑娘》和《竹笛》。

1935 年　75 岁

英文论文集《东方和西方》、《泰戈尔歌曲二十六首》出版。发表诗集《最后的星期集》和《小径集》。

1936 年　76 岁

发表政治抒情诗《非洲》、英文论文集《使教育符合国情》。诗集《叶盘集》和《黑牛集》，游记《日本与波斯之行》，论文集《韵律》和《文学的道路》出版。

1937 年　77 岁

创作《敬礼佛陀的人》一诗。诗集《非洲集》、《错位集》和《儿歌之画集》，短篇小说集《他》出版。

在圣蒂尼克坦主持国际大学中国学院成立典礼。著文《印度和中国》。

1938 年　78 岁

写信给日本诗人野口米次郎，谴责日本帝国主义侵略中国的罪恶行径。

诗集《边沿集》和《晚祭集》出版。创作《号召》一诗，鼓舞加拿大人民投入反法西斯战争，影响颇大。发表《忏悔》一诗。

1939 年　79 岁

诗集《戏谑集》、《天灯集》出版。发表舞剧《解放》和《赛玛》。

1940 年　80 岁

英文自传《我的童年》，诗集《新生集》、《唢呐集》、《病榻集》，短篇小说集《三个同伴》出版。

1941 年　81 岁

诗集《康复集》、《生辰集》和《最后的作品集》等出版。

4 月 14 日，发表最后一次公开演说，题为《文明的危机》，控诉英国殖民者在印度的血腥统治，表达了祖国最后必定能摆脱殖民枷锁，获得民族独立的坚定信念。

6 月，口述最后一篇短篇小说《穆斯林的故事》，生前未发表。

8 月 7 日中午 12 时 13 分，在加尔各答祖居逝世。

（曾　琼、陈　宏）

图书在版编目(CIP)数据

泰戈尔诗文鉴赏辞典/上海辞书出版社文学鉴赏辞典编纂中心编. —上海：上海辞书出版社，2015.12

(外国文学名家名作鉴赏辞典系列)

ISBN 978-7-5326-4486-5

Ⅰ.①泰… Ⅱ.①上… Ⅲ.①泰戈尔，R.（1861～1941)—文学欣赏—词典 Ⅳ.①I351.065-61

中国版本图书馆 CIP 数据核字(2015)第 235018 号

泰戈尔诗文鉴赏辞典

上海辞书出版社文学鉴赏辞典编纂中心 编

责任编辑/杨 凯 技术编辑/顾 晴

装帧设计/姜 明

上海世纪出版股份有限公司

辞书出版社出版

200040 上海市陕西北路 457 号 www.cishu.com.cn

上海世纪出版股份有限公司发行中心发行

200001 上海市福建中路 193 号 www.ewen.co

上海信老印刷厂

开本 890 毫米×1240 毫米 1/32 印张 7.5 字数 180 000

2015 年 12 月第 1 版 2015 年 12 月第 1 次印刷

ISBN 978-7-5326-4486-5/I·284

定价：28.00 元